Marc-Olivier Louveau

LE PETIT MANUEL DU SCÉNARISTE

L'ESSENTIEL POUR ÉCRIRE UN SCÉNARIO

ARMAND COLIN

Graphisme de couverture : Maud Warg

Armand Colin est une marque de
Dunod Éditeur, 11 rue Paul-Bert, 92240 Malakoff

ISBN 978-2-200-62537-5

www.armand-colin.com

À ma mère, qui a toujours cru à mes histoires...

Préface

Marc-Olivier Louveau est lui-même scénariste et réalisateur. C'est sans doute ce qui lui fait dire, dès le début de son livre qu'un scénario est « la première *mise en scène* d'une histoire ». Dans la plupart des manuels de scénario, la dimension de la mise en scène n'est pas abordée. Et les règles transmises apparaissent comme un dogme à suivre impérativement. Dans ce sens, le titre du livre est trompeur. Car il s'agit bien davantage que d'un manuel.

Marc-Olivier Louveau ne tombe pas dans le travers dogmatique de certains autres auteurs ayant écrit sur ce qu'il convenait de faire ou pas dans l'écriture scénaristique. Il précise : « Aujourd'hui, les films sont de plus en plus formatés et les exceptions ne font que confirmer la règle. C'est encore plus prégnant en télévision, car les diffuseurs disent connaître leurs spectateurs et leurs attentes. » Et il ne s'agit pas de tomber dans ce formatage, à tout prix – que du contraire. Connaître des règles, c'est aussi avoir le pouvoir de s'en affranchir, de les transcender. « Il faut ici considérer deux aspects du cinéma : le cinéma commercial qui utilise des structures qui ont prouvé leur efficacité et sont devenus des modèles (...) Puis il y a le cinéma indépendant, plus tourné vers la création, la prise de risque, l'invention. » Dans son livre, Marc-Olivier Louveau nous raconte comment l'invention est toujours... à réinventer. Toute sa subtilité tient dans sa manière de proposer une méthode – utile pour les étudiants en cinéma et pour tous ceux qui le pratiquent – tout en ne se laissant pas emprisonner par elle. « Il y a les structures qui inventent de nouvelles formes et qui donnent un sens nouveau à une histoire (...) à l'instar de la littérature ou de la peinture, c'est la marque des grands, de ceux qui inventent et révolutionnent. ».

Comme Yves Lavandier l'a fait dans son livre, *La Dramaturgie*, Marc-Olivier Louveau définit des concepts scénaristiques et les met en perspective, dans un aller-retour constant entre théories (accessibles à tous) et mises en pratique. Le conflit, l'exposition et la résolution (intimement liées), la notion de personnage, de construction dramatique, les notions d'émotion et de suspens (que d'aucuns dénomment « ironie dramatique »), la notion de « point de vue », l'élaboration des dialogues... la manière de raconter une histoire (ce qu'on appelle « l'art du récit ») et qui peut en changer la perception : tout est là, de manière synthétique. Je dirais que c'est là le principal mérite du livre : parvenir en 190 pages à donner toutes les clés pour penser et faire un film. Aucun des autres livres parus jusqu'ici sur l'écriture scénaristique ne parvient à cet exploit.

L'auteur ne se réfugie pas derrière un « savoir », encore moins derrière une posture : il propose, dans le corps-même de son ouvrage, d'appliquer sa méthode et nous donne à lire – j'aillais dire à voir – un scénario, dont il nous révèle l'intrigue, en train de se construire, dans les différentes étapes de sa genèse.

« Toute histoire digne de ce nom est une histoire de formation, d'initiation, de conversion. Le personnage qui apprend quelque chose se transforme : le spectateur aussi. » Il n'y a d'art que dans ce qui nous transforme. On peut, à partir de règles scénaristiques, autant se fourvoyer que permettre à un nouveau regard de percer.

Frédéric Sojcher

Cinéaste et professeur des universités, Directeur du Master scénario, réalisation, production de l'École des Arts de la Sorbonne (Université de Paris 1)

Table des matières

Remerciements

Merci à Eddy Matalon, Cédric Salmon et Serge Troude pour leur précieuse lecture, Jean-Baptiste Gugès pour sa patience et son investissement et Claudia Mericksay et Éléna Chryssos pour la qualité de leur travail.

Avant-propos

Le scénario est la première mise « en scènes » d'une histoire destinée au cinéma, à la télévision et maintenant au web. Son écriture et ce qui sera sa mise en scène sont étroitement imbriqués. Le fameux scénariste français Henri Jeanson (1900-1970), qui a écrit entre autres *Pépé le Moko* pour Julien Duvivier (1936), *Entrée des artistes* pour Marc Allégret (1938), *Hôtel du Nord* pour Marcel Carné (1938), *Les Maudits* pour René Clément (1947) ou encore *La Vache et le Prisonnier* pour Henri Verneuil (1959), déclarait :

> *L'auteur d'un film, c'est son scénariste. Un film c'est d'abord un scénario. Un scénario existe en soi sans le film; c'est une œuvre littéraire. Mais le film ne peut exister sans le scénario.*

Pour certains, le scénario est un document technique qui, même s'il naît d'un acte créatif, « mourra »[1] au tournage pour devenir des images : il n'en restera que les dialogues (s'il y en a). Il n'est qu'un rouage dans un processus créatif qui utilise d'autres médiums pour arriver à l'œuvre filmique : la musique, le son, les décors, le jeu des acteurs, le graphisme, les effets spéciaux, la photographie... Ce n'est pas faux, mais notons cependant que ces éléments ne constituent pas la structure narrative. Ils nourrissent le propos, participent à la dramatisation, créent un style, mais jamais ne pourront raconter l'histoire à la place du scénario.

1. « Il faut tuer le scénario au tournage », disent les réalisateurs. Il doit rester une étape mais ne pas devenir une entrave à la mise en scène et au filmage où l'invention doit continuer à s'exprimer. Avec le *story-board* on va encore plus loin, puisqu'on passe à l'image dessinée, mais lui aussi devra disparaître. Et cela jusqu'au montage, qui sera la deuxième écriture du film, mais cette fois avec les images et le son.

Pourquoi ce livre ?

Des méthodes, des conseils, des techniques, des recettes et des règles remplissent une pléthore d'ouvrages écrits par des dramaturges, écrivains, scénaristes, théoriciens, structuralistes et universitaires, destinés aux apprentis scénaristes comme aux professionnels. On y trouve toutes les bases de la dramaturgie et ses règles (ou conventions) inhérentes définies en premier lieu par Aristote – rappelons-le quand même, ne serait-ce que pour lui rendre hommage ; ne disait-il pas lui-même que la chose qui vieillit le plus vite ici-bas est la reconnaissance ? – et surtout pas par les Américains, comme ils aiment en tout cas nous le faire croire.

Ces ouvrages proposent des approches et des méthodologies aussi nombreuses que différentes. Mais ils parlent finalement tous de la même chose. C'est le vocabulaire utilisé qui change : une simple querelle de mots où chaque théoricien veut laisser son empreinte. Ce qui ne veut pas dire que l'on peut se passer de ce bagage théorique transmis généreusement par nos prédécesseurs pour apprendre à écrire un scénario. Il est indispensable de maîtriser ces règles et procédés dramaturgiques. Il est même nécessaire pour qui veut devenir scénariste de connaître les techniques du cinéma, du tournage jusqu'au montage. Le scénario est en effet la première « mise en scène » d'une histoire, la mise en écriture de séquences, de scènes et de plans qui emploie toute la grammaire du cinéma : montage, ellipses, raccords... L'écriture de scénario s'apprend ensuite en lisant et en analysant des scénarios, mais surtout en pratiquant.

Alors pourquoi cet ouvrage si c'est pour égrainer à nouveau ce que d'autres ont déjà dit ? Ce que je vous propose ici est une méthode de travail complète qui répond d'abord à un ensemble de questions qu'il faut se poser avant de se lancer dans l'écriture proprement dite. Des questions qui concernent avant tout le sens de votre histoire car il déterminera tout le travail dramaturgique qui suivra.

Nous verrons en toute fin comment présenter votre scénario pour bien « vendre » cette histoire aux producteurs qui en feront un film : logline, synopsis, traitement. Une étape importante, car le cinéma est une industrie qui répond de plus en plus à des exigences commerciales, et qui rend les décideurs de plus en plus nerveux et impatients. Or, compte tenu du nombre sans cesse croissant de projets qui arrivent sur leur table, ils n'ont plus le temps de lire. Il faut donc leur permettre de comprendre rapidement ce que vous leur proposez, et les persuader tout aussi vite de l'intérêt de votre histoire.

Leur réponse positive ou négative dépendra surtout d'un facteur : le marché. Vous aurez beau leur proposer la meilleure histoire, sous la forme d'un scénario irréprochable et innovant, vous essuierez un refus ou ne recevrez jamais de réponse (ce qui est le plus courant et revient au même) s'il ne correspond pas au marché, s'il arrive trop tard (après un film déjà tourné sur le même sujet) ou trop tôt (traitant d'un sujet en avance sur son temps), ou s'il ne correspond pas à un large public mais à une niche.

Il faut en effet toujours avoir en tête que la qualité seule d'un scénario ne garantit pas sa production. Aujourd'hui, les films sont de plus en plus formatés et les exceptions ne font que confirmer la règle. C'est encore plus prégnant en télévision, car les diffuseurs disent connaître leurs spectateurs et leurs attentes. Ils sont très attentifs à ce qui a du succès de l'autre côté de l'Atlantique et s'en inspirent parfois, mais ils choisiront toujours d'acheter une série au lieu de la produire : c'est moins cher et surtout moins risqué. Il est bon de rappeler au passage que ces séries américaines, que nos jeunes adulent et trouvent particulièrement originales, sont en réalité celles qui sont écrites avec le plus strict cahier des charges et correspondent à la scène près à des structures narratives qui ont fait leurs preuves. Leur processus de création est même le plus industrialisé qui soit dans l'audiovisuel. Leur plus grande innovation réside en fait le plus souvent dans le choix d'un concept original, qui n'a pas encore été exploité, et que l'on appelle un *high concept*.

De la théorie à la pratique

Dans les encadrés de ce livre, nous allons nous mettre dans la peau d'un scénariste à qui une production commande l'idée d'un film sur le thème de la vengeance, sans autre indication supplémentaire. Nous allons imaginer une histoire et la narrer sous forme de séquencier en passant par toutes les étapes d'une création de scénario : l'idée (la thèse et la proposition dramatique et thématique), la structure, les charnières, les personnages…

Nous serons ainsi confrontés aux questionnements et difficultés de n'importe quel scénariste, et utiliserons tous les outils et procédés qui sont à notre disposition pour éviter les erreurs et obtenir le résultat décrit par Boileau : « Ma pièce est faite, je n'ai plus qu'à l'écrire. »

Il s'agira d'une histoire simple et schématique, afin de bien comprendre et assimiler les techniques scénaristiques. Nous nous arrêterons après avoir répondu à toutes les questions qu'impose la dramaturgie ; quand la suite ne sera plus qu'un inlassable travail de lissage pour que les scènes tombent naturellement l'une dans l'autre selon le vraisemblable et le nécessaire, jusqu'à la conclusion.

Nous obtiendrons à ce stade une histoire qui tiendra parfaitement la route. Elle demandera encore à être remise en cause, bouleversée, retournée, déstructurée... une bonne dizaine de fois, y compris dans ses fondements. Mais avant de pouvoir le faire, il est indispensable d'avoir une vision parfaite de ce que nous voulons dire, pourquoi le dire et comment le dire.

Action !

Introduction

L'apparition du scénario

Le scénario est né bien après que le cinéma eut été inventé par les frères Lumière. Leurs premiers films étaient très courts et n'avaient pas besoin de scripts. Un film durait moins d'une minute, ce qui correspondait à une bobine de vingt mètres de pellicule. Les deux frères filmaient surtout des situations, des événements spectaculaires pour produire le maximum d'effet sur les spectateurs, comme le fameux train qui entre en gare de la Ciotat. En revanche, Georges Méliès élaborait des scénarios très précis, les premiers *story-boards* pour ainsi dire, afin de préparer méticuleusement ses effets spéciaux. Ceux de Charles Chaplin prenaient forme jusqu'au tournage, pour des films qui étaient pourtant de plus en plus longs.

1 L'arrivée du train en gare de la Ciotat.

Les deux inventeurs du cinéma ne croyaient pas du tout à son avenir commercial et avaient même déconseillé à Méliès de s'y lancer. Pourtant il s'imposa rapidement comme un nouveau médium pour raconter des histoires et le scénario prit son véritable essor avec l'apparition du parlant, dont il fallait bien écrire les dialogues, et emprunta ses premières techniques d'écriture au roman et au théâtre.

Qu'est-ce qu'un bon scénario ?

Vaste question qui occupe tous les jours des milliers de gens à travers le monde : producteurs, scénaristes, réalisateurs, diffuseurs... Les pragmatiques vous diront qu'un bon scénario, c'est celui qui donne un film qui fera des millions d'entrées. Les esthètes, qui considèrent encore le cinéma comme un art, vous diront que c'est celui qui permet de faire un film original présentant une nouvelle forme, une nouvelle esthétique, un regard différent. Lorsqu'un film réussit à réunir ces deux qualités, il est considéré comme un chef-d'œuvre et devient rapidement une référence, un modèle.

Les scénaristes américains répondront qu'un bon scénario ce sont des obstacles, encore des obstacles, toujours des obstacles; détournement d'une fameuse phrase du scénariste et réalisateur français Henri-Georges Clouzot (1907-1977), qui disait : « Pour faire un film, premièrement, une bonne histoire, deuxièmement, une bonne histoire, troisièmement, une bonne histoire. »

Malheureusement (ou heureusement pour les scénaristes), il n'y a aucun moyen de le savoir avant la réalisation du film. Un bon scénario dans le sens dramaturgique ne donnera pas forcément un film à succès, mais il a plus de chance de donner un bon film. Même les nombreuses projections test des Américains avant la sortie d'un film n'apportent que des indications, aucune certitude. C'est d'ailleurs ce qui est excitant lorsque l'on commence à écrire une histoire : on ne sait jamais comment elle sera perçue. Et bien souvent, celle dont on est le plus fier, celle pour laquelle on aura le plus transpiré, ne touchera pas les lecteurs comme on l'espérait et ne deviendra jamais un film (voir à ce propos le livre *Les plus grands films que vous ne verrez jamais*, Dunod, 2013). Les chefs-d'œuvre du cinéma sont très souvent des histoires simples, des histoires de gens comme vous et moi, mais dont la portée est universelle.

Le fond et la forme : savoir innover

Il faut considérer deux types de cinéma :

- le cinéma commercial qui utilise des structures qui ont prouvé leur efficacité et sont devenues des modèles (les scénarios qui suivent cette voie essayent normalement de les réinventer) ;
- le cinéma indépendant, plus tourné vers la création, la prise de risque, l'invention.

Comme en littérature, nous rentrons dans le débat du fond et de la forme. Nous le verrons, toutes les histoires ont déjà été racontées. C'est la forme qui peut créer la nouveauté, la narration, la structure du récit. De même en peinture : on peint des pommes depuis des siècles, et pourtant tous les cinquante ans quelqu'un nous les peint d'une façon qui révolutionne les codes. Inventer une structure pour raconter une histoire connue, c'est réinventer cette histoire. Comme le disait Céline : « Tout n'est qu'une histoire de style. »

Créer une nouvelle forme est l'apanage des grands. Elle deviendra un style unique qui sera vite copié. Tarantino est un grand scénariste dans ce sens, et il a bien compris qu'il fallait inventer de nouvelles formes pour le genre dans lequel il évoluait : le film de gangster. Nous le verrons en détails dans le chapitre consacré aux modèles structurels en analysant la structure très particulière de son film *Pulp Fiction*.

2 John Travolta dans *Pulp Fiction* de Quentin Tarantino (1994), scénario de Quentin Tarantino et Roger Avary.

Columbia Tristar, qui devait produire le film, aurait vendu le scénario à Miramax en disant : « C'est la plus mauvaise chose jamais écrite. Ça n'a aucun sens. Quelqu'un meurt et ensuite il est vivant. C'est trop long, trop violent et infilmable ! » Le film fut pourtant non seulement un succès critique (Palme d'or à Cannes, Oscar du meilleur scénario et César du meilleur film étranger), mais aussi un succès commercial considérable, se plaçant au 12e rang du box-office mondial en 1994 (un exploit au regard de son budget).

« Les règles, disait Flaubert, c'est comme les principes ; appuyez-vous dessus, ils finiront par céder. » Rappelons ici qu'une majorité des réalisateurs de la Nouvelle Vague, ceux qui prétendaient inventer de nouvelles façons de raconter, sont devenus des conteurs comme ceux qu'ils disaient combattre. Sauf un : Jean-Luc Godard. Il n'est pas surprenant de noter que beaucoup de ces auteurs admiraient tout particulièrement le cinéma américain, alors que c'est celui où les servitudes de production sont les plus lourdes, où la conception du film comme œuvre collective est la plus marquée et où la division entre les scénaristes et les réalisateurs est la plus forte.

3 Jean-Paul Belmondo et Jean Seberg dans *À bout de souffle* de Jean-Luc Godard (1960), scénario de Jean-Luc Godard d'après une idée de François Truffaut.

Il est intéressant de noter au passage que derrière toute avancée (voire révolution) artistique, il y a généralement une avancée technologique. L'invention de l'imprimerie, puis de la machine à écrire, l'ordinateur et le web ont permis à la littérature de se réinventer en prenant de nouvelles formes tout au long de son histoire : nouvelle, roman-feuilleton, roman-fleuve, littérature américaine, roman interactif, récit à partir de textes « samplés », *fanfiction*, livre Messenger... Même phénomène pour le cinéma : le son, la couleur, le cinémascope, le technicolor, le cinérama, l'Imax, le *travelling*, les grues, le steadicam et maintenant la 3D, le numérique et les drones, ont fait aussi évoluer l'écriture du cinéma. N'oublions pas que c'est l'apparition des caméras 16 mm qui a permis de sortir de la pesanteur des studios et autorisé l'émergence de la Nouvelle Vague, ou encore l'arrivée des petites caméras DVcam qui a fait germer l'idée du *Dogme* de Lars von Trier.

La télévision a suivi la même évolution : passage à la couleur, au 16/9e, à la haute définition, au son 5.1 et maintenant au 4k (équivalent du 70 mm). Toutes ces évolutions techniques ont influencé sa façon de raconter en gommant petit à petit la frontière qui la séparait du cinéma. Aujourd'hui, avec des plates-formes comme Netflix, la ligne de démarcation a même totalement disparu (non seulement au niveau de la qualité des films mais aussi des budgets), à tel point que l'on peut voir désormais des films Netflix sélectionnés au festival de Cannes alors qu'ils ne sortiront jamais en salles, mais sur les petits écrans d'ordinateurs, de tablettes, de smartphones et des très grands téléviseurs 4K/5.1.

L'un des premiers à avoir senti en France cette (r)évolution est Hervé Hadmar : *Pigalle, la nuit* (2009), *Signature* (2011), *Les Témoins* (2014), *Au-delà*

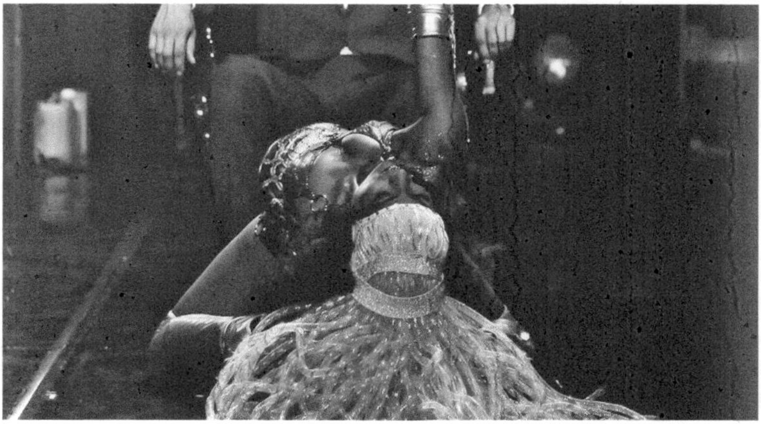

4 *Pigalle, la nuit* de Hervé Hadmar, série télévisée française créée par Hervé Hadmar et Marc Herpoux pour Canal+ (2009).

des murs (2015). Il me racontait qu'à ses débuts, la télévision avait naturellement et normalement privilégié le gros plan comme la pierre angulaire de sa grammaire filmique : conséquence du petit format des postes TV. Mais au fond de lui, il sentait que l'évolution technologique (la taille des écrans, la haute définition, le son numérique) allait immanquablement rapprocher la télévision du cinéma, non seulement en termes de qualité d'écriture mais de mise en scène. Il écrit et a écrit toutes ses séries dans cet état d'esprit ; il est d'ailleurs l'un des rares en France à écrire et réaliser tous les épisodes. Force est de constater que son intuition était visionnaire et lui a permis de s'imposer comme l'un des chefs de file de la nouvelle fiction TV française.

C'est votre point de vue personnel
qui rendra votre histoire originale.

Chapitre 1

La tyrannie du sens

De l'idée à la thèse

L'idée

L'idée d'une histoire destinée à devenir un scénario, mais aussi une pièce de théâtre, une pièce radiophonique, un opéra ou un livre, peut prendre naissance à partir de n'importe quel matériau : une conversation, un fait divers, une expérience, un sujet de société, un événement ou un personnage historique. Tout est possible !

Pour le scénariste professionnel, il peut s'agir d'une commande : une chaîne de télévision lui demande d'écrire un épisode de série, un réalisateur l'appelle pour travailler sur une idée de film, une production recherche une histoire qui traite de tel ou tel sujet...

Le sens

Peu importe le cas de figure, le travail reste le même et la première des règles est de ne rien commencer avant de connaître le sens de ce que l'on veut raconter, et d'en être profondément convaincu.

Certains vous diront que le sens est intrinsèque à une histoire : inutile donc de le chercher. D'autres vous diront que pour les messages, il y a la poste : une façon d'ironiser sur le rôle d'un film qui serait essentiellement de divertir. Un scénario, et c'est aussi valable pour les autres types de narration, ne vaut rien sans le sens, car tout dépend de lui : la narration elle-même, la structure, les personnages, les histoires secondaires, les charnières dramatiques, les objectifs, les sous-objectifs, la scène centrale, les lieux, les décors, les costumes, le casting, le choix du support de filmage, la lumière, la musique, le montage, le traitement des images, etc. Le sens détermine tous les choix dans le processus de création d'un film. Tout doit être pensé, jusqu'aux plus petits détails, pour totalement l'exprimer.

La thèse

Pour commencer, il faut savoir ce que l'on veut dire – comme avant de prendre la parole, sous peine de parler pour ne rien dire. Demandez-vous pourquoi un sujet vous intéresse particulièrement, résonne en vous et vous touche. Où vous situez-vous par rapport à ce qu'il porte ? Et le plus important : quel est votre point de vue ?

Cette prise de position, qui s'appelle *la thèse*, doit se résumer en une seule phrase. Il faut s'interdire d'en écrire plus. Il est toujours préférable qu'elle soit constituée de deux entités qui s'opposent – guerre/paix, devoir/amour, argent/amitié – pour générer du conflit et d'un verbe actif qui détermine l'action (de préférence un changement, une transformation, une progression). C'est la « morale » de votre histoire et il vous faudra un scénario de cent pages pour l'exprimer. La thèse n'a donc pas besoin d'être subtile, le scénario s'en chargera. Ce qui est important, c'est qu'elle exprime totalement votre point de vue. Prenons quelques exemples :

La guerre détruit l'humanité de l'Homme.

Ici, la guerre est le sujet, l'action est la destruction, l'objet est l'humanité de l'Homme. C'est la thèse de beaucoup de films sur la guerre, le plus connu étant *Full Metal Jacket* de Stanley Kubrick (1987), scénario de Stanley Kubrick, Michael Herr et Gustav Hasford.

L'Homme s'épanouit dans la guerre.

C'est la thèse inverse et qui pourrait être celle de *Démineurs* de Kathryn Bigelow (2009), scénario de Mark Boal.

L'amour nuit au devoir.

La violence provoque la violence.

La faiblesse engendre la déchéance.

C'est la thèse de beaucoup de films sur l'alcoolisme, la drogue et toutes les formes de dépendance.

La foi sauve de la déchéance.

Thèse que l'on retrouve aussi dans les types de films évoqués précédemment.

L'amour s'avère plus important que l'argent.

C'est la thèse du film *Rain Man* de Barry Levinson (1988), un scénario signé Ronald Bass et Barry Morrow, d'après une histoire de Barry Morrow.

La folie des grandeurs conduit à la destruction.

Une autre thèse qui a inspiré beaucoup de films : *Patton* de Franklin J. Schaffner (1970), scénario de Ladislas Farago, Omar Bradley, Francis Ford Coppola et Edmund H. North, *Citizen Kane* d'Orson Welles (1941), scénario de Herman J. Mankiewicz et Orson Welles, ou encore *Scarface* de Brian de Palma (1983), scénario d'Oliver Stone, d'après celui écrit par Howard Hawks et Ben Hecht.

L'Homme ne mérite pas qu'on le sauve.

Renoncer à la vengeance est la plus grande vengeance.

L'argent ne fait pas le bonheur.

...

Vous voyez que l'une de ces thèses prise au hasard peut donner naissance à une multitude d'histoires très différentes. C'est seulement le point de vue, la vision de l'auteur qui la rendra unique.

Cette recherche de sens est une épreuve avec nous-même car elle nous bouscule, nous oblige à sortir de nos retranchements, de nos *a priori*, à nous interroger, à trouver les arguments, à entrevoir ce qui est essentiel. Trouver le sens permet de mieux travailler, de ne pas s'enliser, de mieux concevoir, d'aller plus loin, d'être plus original, profond et créatif et surtout plus personnel. Le seul risque est de découvrir que nous n'avons rien à dire.

Astuce. Un truc tout simple, mais redoutable : commencer par trouver la fin. Car c'est toujours la fin qui révèle le sens d'une histoire. Ensuite, il suffit de remonter vers le début, en se posant toujours la question suivante : « Qu'est-ce qui me conduit à cette fin ? »

Pour notre exercice d'écriture de scénario, nous devons élaborer une histoire sur le thème de la vengeance. La thèse *Renoncer à la vengeance est la plus grande vengeance* me parle et m'inspire un embryon d'histoire :

Un homme veut venger l'assassinat de sa femme et prend tous les risques pour y parvenir. Au moment où il pourrait enfin assouvir sa vengeance, il renonce.

Dans cette formulation, nous avons la fin de l'histoire (il renonce). Nous avons aussi l'objectif du personnage (se venger) et la tâche qu'il va devoir accomplir pour y arriver (prendre tous les risques).

Propositions dramatique et thématique

Une fois que vous savez ce que vous voulez raconter et que vous parvenez à l'exprimer dans les prémices d'une histoire qui ne dépasse pas deux lignes, focalisez-vous sur l'action et la psychologie de vos personnages, surtout celles du protagoniste. Pour ce faire, il faut définir leurs propositions dramatique et thématique.

Le cinéma, psychologiquement parlant, est comportementaliste

Tout comportement humain est la rencontre d'un acte et d'une signification. Derrière tout geste il y a un sens (même inconscient) et derrière toute action, un thème. Prenons un exemple, le plus simple possible :

Je sors fumer. (Action)

Pourquoi ? (Sens de l'action)

Parce que je suis en manque ;

parce que j'ai rendez-vous avec le soleil ;

parce que c'est le seul moment où je peux voir les jambes de la secrétaire ;

parce que l'on vient de m'apprendre que j'ai le cancer du fumeur ;

parce que c'est alors que j'élabore l'assassinat de ma femme...

Une même action peut donc avoir des sens très différents. Des sens qui sont autant de possibilités de raconter différentes histoires. De même, il existe maintes façons de montrer un braquage. Mais comment saurez-vous que vous avez choisi la bonne si le sens de cette action vous échappe ? Il ne faut donc pas commencer par *comment* un homme tue sa femme ou fait un braquage, même si c'est ce que l'on a envie de raconter, mais par *pourquoi*. Ce *pourquoi* vous permettra d'élaborer avec beaucoup plus d'efficacité, de force et de créativité le *comment*.

Le « quoi ? » et le « pourquoi ? »

Il est aussi important d'identifier une thèse que de répondre à ces deux questions :

– Le « quoi ? » exprime l'action du film, sa dramaturgie. Baptisé *proposition dramatique* par Lajos Egri (l'auteur de *The Art of Dramatic Writing*, 1946), il se compose de trois éléments qui doivent suggérer le personnage, le conflit et la fin de l'histoire :

  Celui qui prenait tous les risques pour se venger va finir par renoncer.

– Le « pourquoi ? » s'intéresse à la psychologie et au sens de l'action, donc à la thématique du film. C'est le « mobile » de l'action, porté par le personnage principal. Appelée *proposition thématique*, la réponse au « pourquoi ? » se formule ainsi :

  Parce que celui qui vivait dans la haine va retrouver la voie de l'amour.

Une action possède toujours cette double composante : un but concret de nature dramatique (ici, la vengeance) et la complexité psychologique des mobiles du personnage, de nature thématique (ici, la haine).

Il est important de comprendre que ce qui est intérieur dans la proposition thématique (la psychologie) devient extérieur dans la proposition dramatique (l'action).

Parce que je ressens de la haine je me venge.

Parce j'ai peur je pars au bout du monde.

Parce que je suis triste je pleure.

Remarque. Même si la proposition thématique s'énonce après la proposition dramatique, il est important de l'identifier avant ; vous comprendrez pourquoi au fil de cet ouvrage.

Le « comment ? »

Le « comment ? », c'est votre histoire proprement dite (l'intrigue), ce que vous allez raconter pour démontrer votre thèse, en utilisant tous les ressorts dramatiques et procédés narratifs à votre disposition pour rendre votre histoire la plus émotionnelle possible. En effet, c'est seulement à partir du moment où vous savez exactement ce que vous voulez dire, où vous avez le sens de votre action formulé dans une proposition dramatique et thématique, que vous pouvez trouver la situation, les conflits, les lieux, les personnages, les enjeux, les obstacles, l'arène… c'est-à-dire tous les éléments narratifs qui dramatiseront le mieux votre propos et donneront à des millions de gens l'envie de voir le film.

Propositions principale et secondaire

Les propositions dramatique et thématique principales ne sont rien d'autre que ce que vous allez démontrer tout au long du film jusqu'à sa conclusion. Elles constituent l'ossature d'abord invisible du scénario, sur laquelle le film va s'appuyer, et dont la révélation se fera progressivement.

Dans un scénario il ne peut y avoir qu'une proposition dramatique et une proposition thématique principales. Les autres propositions sont secondaires car portées par les personnages secondaires et devront se plier aux exigences des propositions principales. Ce lien de subordination implique :

- qu'une proposition dramatique secondaire mette toujours en valeur la principale, par contraste, mise en abîme, en parallèle, ou encore en opposition.
- qu'une proposition thématique secondaire soit l'antithèse de la principale.

Attention, qui dit personnage secondaire, ne dit pas forcément histoire secondaire. Si c'est le cas, l'intrigue secondaire se développe parallèlement, mais séparément ; c'est une histoire dans l'histoire. Elle propose une variante qui est souvent le contraire de la principale.

Dans le cas des propositions dramatique et thématique principales de notre scénario (celui qui prenait tous les risques pour se venger finit par renoncer, parce que celui qui vivait dans la haine va revivre l'amour), les propositions thématique et dramatique secondaires pourraient être simplement :

Celui qui avait renoncé à se venger va finir par le faire. Parce que celui qui avait pardonné va retrouver la haine.

5 Charles Bronson dans *Il était une fois dans l'Ouest* réalisé par Sergio Leone (1968). Un film qui traite du thème de la vengeance. Le protagoniste est animé d'une haine profonde et tue un par un tous ceux qui l'ont forcé jadis à porter sur ses épaules son frère dont le cou était enserré par une corde attachée à une arche en pierre. Il finit par s'écrouler, le laissant pendu au bout de la corde. L'harmonica est un implant qui sera « milké » durant tout le film jusqu'à sa révélation : il l'avait dans la bouche durant ce drame.

On fait appel à cette histoire pour enrichir le propos du film en proposant un autre point de vue ou pour rendre le personnage principal plus humain : elle révèle ses faiblesses ou ses qualités, dans principalement des histoires d'amour ou d'amitié. Si elle n'apporte pas ce type d'effet, elle ne sert à rien et n'a pas lieu d'être. Là aussi, pour éviter toute confusion, il ne faut pas s'écarter de l'intrigue principale qui doit toujours l'emporter.

Astuce. Pour savoir si votre histoire secondaire est bien subordonnée à la principale, il faut pouvoir raconter l'histoire principale sans avoir recours à la secondaire. En revanche, il ne faut pas pouvoir raconter l'histoire secondaire sans la principale.

Anecdote. J'ai travaillé sur un film coproduit avec l'Italie dont c'était le problème : *Le Conseil d'Égypte* d'Emidio Greco (2001), adaptation du livre éponyme de Leornardo Sciascia. Les deux auteurs du scénario avaient traité les deux intrigues au même niveau et nous nous retrouvions avec deux histoires, ni principales ni secondaires, qui luttaient tout au long du récit. Plusieurs conséquences en découlaient : peu d'identification aux personnages, complexité de la narration, longueur, manque de clarté et, partant, ennui et désintérêt du spectateur... Lorsque j'ai mentionné le problème, je me suis attiré les foudres du réalisateur qui n'a pas voulu rectifier le tir. Malgré la qualité du sujet et son potentiel dramatique, le film a été un échec cuisant, surtout en France.

Le champ des émotions

Généralement la psychologie de l'action est liée à l'affectif, l'amour sous toutes ses formes (amicale, maternelle, passionnelle ou filiale, tant positives que négatives) et à la relation que le personnage principal entretient avec ce dernier et avec lui-même (l'amour de soi). Ce sont d'ailleurs les enjeux affectifs qui créent l'émotion d'une histoire.

On dénombre le plus souvent sept émotions : la joie, la tristesse, la colère, la peur, la surprise, le dégoût et la honte, qui elles-mêmes génèrent des centaines de sentiments. D'autres y ajoutent la tranquillité, la coupure avec ses émotions, la terreur et la fureur.

La peur crée un sentiment de vide, d'angoisse, de panique, d'affolement... La tristesse un sentiment de vague à l'âme, d'humeur noire, de déception, de peine, d'accablement, de chagrin... Celui qui aurait un sentiment de vague à l'âme, de chagrin, de peine ou d'accablement serait donc quelqu'un qui vit dans la tristesse. Celui qui vivrait avec un sentiment d'angoisse, de vide ou encore d'affolement serait quelqu'un qui vit dans la peur.

Un sentiment peut aussi naître d'une combinaison de plusieurs émotions. Par exemple, la peur et la colère, quand elles sont refoulées, peuvent créer un sentiment de culpabilité. Ainsi celui qui nourrit un sentiment de culpabilité vit-il dans la peur et la colère refoulées.

Ce champ de combinaisons émotionnelles offre de grandes possibilités et variations pour nourrir la proposition thématique de vos personnages. En effet, de même qu'il y a des émotions derrière tout sentiment (*je ressens un sentiment de haine parce que je suis dégoûté et en colère*), il y en a derrière toute action (*parce que je suis dégoûté et en colère, je vais me venger*).

Toutes ces associations sont des choix arbitraires parmi des milliers de sentiments et d'actions possibles, une seule émotion pouvant être à la source de multiples sentiments. Ce qu'il faut retenir, c'est que derrière toute action il y a une émotion qui alimente des sentiments :

SENTIMENT ←	ÉMOTION	→ ACTION
À bout	Colère	Casser la vaisselle
Trahison	Dégoût	Se suicider
Bien-être	Joie	Chanter
Vague à l'âme	Tristesse	Écrire
Blessé	Colère	Se saouler
Affecté	Tristesse	Dormir
Méfiant	Peur	Fuir
Ému	Surprise	Pleurer
Abusé	Honte	Assassiner

6 Les interactions émotion/sentiment/action.

Je tue ma femme qui veut me quitter car je suis profondément blessé et ressens une grande colère.

Je tue ma femme qui veut me quitter car je me sens trahi et submergé par un immense dégoût.

Je tue ma femme qui veut me quitter car je suis affecté et ressens une grande tristesse.

On insufflera également dans ces propositions le maximum de conflit, l'ingrédient principal de toute forme dramatique : c'est le conflit intérieur qui, projeté à l'extérieur, crée l'action. Cette mécanique est à l'origine de pratiquement tous nos actes dans la vie quotidienne. Et pour bien comprendre le rôle fondamental du conflit, nous nous intéresserons à cette question dans le chapitre suivant.

Le cas de l'adaptation littéraire

« En réalité, au cinéma, tout est adaptation » déclarait Jean-Claude Carrière. Quand il s'agit de l'adaptation d'un livre, on n'a pas à imaginer l'histoire puisqu'elle existe déjà. Mais la difficulté principale résidera dans le changement de narration : passer de celle du livre à celle d'un film. Même si elles ont beaucoup de points communs, elles ont des exigences propres qui sont liées à leur support. L'histoire sera la même, mais on fera les choix qu'impose la narration cinématographique : ajout ou réduction de personnages, simplification de l'intrigue, une seule action principale, changement de structure, changement de point de vue, dialogues plus court et plus réalistes... Stanley Kubrick, qui était un spécialiste de l'adaptation (il n'a écrit de toutes pièces que son premier et son dernier film), disait que pour adapter un livre il suffit d'écrire ce que l'on voit en le lisant. Il disait aussi ne choisir que des livres où il y avait beaucoup de psychologie. Un travail long et fastidieux qui n'était plus à faire, puisque l'écrivain s'en était chargé. Sa question était alors la suivante : comment montrer en images la psychologie des personnages ? Il n'a jamais adapté de livres qui lui faisaient dire, aussitôt lus, qu'ils donneraient de bons scénarios. Force est de reconnaître que le maître ne s'est jamais trompé sur ses choix littéraires et sa façon de les adapter : *Orange mécanique* (1971), *Shining* (1980), *Barry Lindon* (1975), *Les Sentiers de la gloire* (1957)...

Le pouvoir de l'identification est lié au pouvoir de nos émotions.

Chapitre 2

Le conflit

À ce stade du travail, on ne pense pas encore en termes de scénario, mais plutôt en termes d'histoire : il s'agit de construire pièce par pièce le moteur qui la fera tourner.

Le conflit est l'une des pièces maîtresses. C'est l'énergie qui fait agir les femmes et les hommes dans leur vie. De la naissance à la mort, tout n'est que conflit : avec soi-même, les autres, la société, la maladie, Dieu... On peut être en conflit avec tout ce qui compose l'existence, tout ce qui représente un péril. Le conflit agit en dramaturgie comme dans la vie : il est l'énergie d'une histoire. C'est lui qui crée l'action (en réaction) et détermine les obstacles et les buts. C'est lui aussi qui exprime le sens (la psychologie) de l'action. Sans conflit, matérialisé par des obstacles à franchir, il n'y a pas d'histoire.

Les différents types de conflits

Conflits interne et externe

Nous pouvons distinguer :

- le conflit interne (psychologique, avec soi-même) ;
- le conflit externe (avec les autres, les animaux, les machines...).
  Exemple :

> *Un type arrogant, macho, convaincu du pouvoir qu'il détient sur sa femme apprend qu'elle le quitte. Alors qu'il montait à cheval, il donne un violent coup d'éperons. Le cheval s'emballe et part dans un galop incontrôlable. L'homme s'accroche et finit par être éjecté dans un massif de ronces.*

C'est un conflit interne et d'ordre psychologique (la frustration et la colère) qui déclenche l'action (le coup de pied violent) et le conflit externe (la réaction incontrôlable du cheval et enfin la chute). Le conflit interne a été externalisé et s'est porté sur le cheval pour créer un conflit externe et d'ordre relationnel avec l'animal. La proposition thématique porte le conflit interne qui, projeté vers l'extérieur, va engendrer le conflit externe et l'action de la proposition dramatique :

> *Celui qui ne supporte pas que sa femme le quitte va le payer de sa personne. Parce que qui est trop sûr de soi ne contrôle pas ses émotions.*

Comme le dit l'un des préceptes du Yin et du Yang : « Tout ce qui a une face a un dos. » Un second dit : « Plus la face est grande, plus le dos est grand. » En matière de conflit c'est la même chose, il faut toujours choisir le conflit interne le plus fort pour avoir un conflit externe tout aussi fort. Par exemple :

> *Un personnage qui n'aime pas le rouge (conflit interne) se rend au garage pour récupérer le véhicule qu'il a commandé. Lorsque le vendeur lui présente la voiture, il découvre qu'elle est rouge. Il avait pourtant bien spécifié qu'il la voulait bleue et fait part au vendeur de son mécontentement (conflit externe).*

Si à présent...

> *notre personnage vomit dès qu'il voit du rouge (conflit interne plus fort); il vomit sur le pantalon du vendeur (conflit externe plus fort) en découvrant sa voiture.*

Conflits principal et secondaires

Une histoire est le traitement d'un conflit principal qui engendre des conflits secondaires, locaux, qui devront être résolus (vaincre les obstacles et atteindre les buts) pour permettre la résolution du conflit principal du film. En d'autres termes, le conflit principal engendre toutes sortes de conflits tant que ce qui l'a généré n'est pas résolu.

Conflits direct et indirect

Tandis que le conflit direct est un conflit relationnel vécu par le personnage avec un antagoniste (d'autres personnages, un animal, un objet...), le conflit indirect est un conflit vécu par le spectateur seul. Dans notre exemple, imaginons que ce dernier apprenne que la sangle de la selle de notre protagoniste est usée à l'extrême et ne tiendra pas une telle cavalcade. Notre personnage, lui, ne le sait pas avant de se retrouver dans les ronces. Cette information perturbe le spectateur en suscitant chez lui de la crainte.

C'est aussi le cas de toutes les histoires qui se déroulent dans une époque de souffrance (guerre, peste, ouragan...) et ramènent le spectateur à la petitesse de sa condition humaine. Il perçoit un conflit *indirect* alors qu'il n'y a pas de conflit *direct*.

Identification et émotion

Parce qu'il est créateur d'émotions (la peur, la crainte, la joie, la tristesse, la colère...), un conflit amène le spectateur à s'identifier au personnage qui le vit ; une identification très forte s'établit, et un lien de plus en plus étroit se crée.

7 Meryl Streep dans *Le Choix de Sophie* d'Alan J. Pakula (1982). Le jour où Sophie arrive à Auschwitz, un médecin lui demande de choisir entre ses deux enfants celui qui sera gazé et celui qui pourra vivre : si elle refuse de choisir, ses deux enfants mourront. Dans la panique, Sophie décide de sacrifier sa fille de 7 ans. Une décision qui l'accablera d'une culpabilité qu'elle ne pourra jamais surmonter, le thème majeur du film. Cette scène est déchirante, car le conflit intérieur du personnage est terrifiant : l'identification au personnage est à son maximum.

Même un personnage négatif peut susciter notre intérêt :

> *Hitler se cache pour pleurer, le chien qui l'accompagne depuis quinze ans est en train de mourir.*

Malgré l'antipathie que nous pouvons ressentir pour ce personnage, nous ressentirons tout de même sa souffrance. Le pouvoir du conflit est de forcer le spectateur à s'intéresser à des personnages, fussent-ils antipathiques. Si le personnage qui souffre est de surcroît sympathique, l'identification et l'émotion du spectateur seront à leur comble.

Les scènes les plus émouvantes dans l'histoire du cinéma sont celles qui permettent au spectateur de s'identifier au conflit psychologique d'un personnage : *Le Choix de Sophie* d'Alan J. Pakula (1982), *Autant en emporte le vent* de Victor Fleming et George Cukor (1939), *Les oiseaux se cachent pour mourir* de Daryl Duke (1983)...

Donc, pour conclure : plus votre personnage vit du conflit, plus son lien avec le spectateur sera fort.

8 Vivien Leigh dans *Autant en emporte le vent* de Victor Fleming et George Cukor (1939), sur un scénario de Sidney Howard d'après l'œuvre de Margaret Mitchell. Dans ce film, les personnages principaux s'aiment à contretemps, se trompant sur eux-mêmes et la nature de leurs sentiments. Leur conflit interne reste la cause principale de leur conflit externe.

Tout ce qui a un début a forcément un milieu et une fin.

Chapitre 3

La structure

Avant d'envisager une première construction de notre histoire, nous devons nous arrêter sur la question cruciale de la structure. Dans toutes les histoires racontées au théâtre et au cinéma, les arts narratifs en général, on peut considérer deux niveaux structurels :

- un premier niveau (dit *archistructure*) qui classe les histoires en deux types fondamentaux : l'Odyssée et l'Iliade ;
- un second niveau qui emprunte à différents « modèles » référents : un mythe, un genre ou encore une situation dramatique.

> **Remarque.** Certaines structures inventent de nouvelles formes et donnent un sens nouveau à une histoire. Ces structures, à l'instar de la littérature ou de la peinture, sont la marque des grands, de ceux qui inventent et révolutionnent ; nous y reviendrons.

Nous verrons par la suite que, quel que soit le chemin emprunté, votre récit sera toujours structuré en trois actes *dramatiques*, trois temps que l'on appelle aussi La Trinité, avec deux charnières principales pour passer de l'un à l'autre.

Nous verrons également que chaque histoire se compose d'une scène d'ouverture, d'un incident déclencheur, d'une crise, d'une confrontation, d'un climax et de scènes obligatoires.

L'ARCHISTRUCTURE

Toute œuvre est soit une Odyssée, soit une Iliade. Aucune histoire, aucun récit n'y échappe. Parfois, les deux se fondent l'une dans l'autre.

L'Odyssée

L'Odyssée (d'Ulysse) est un voyage, une marche, une errance tendue vers un but lointain, une quête de sens ou d'identité, un parcours initiatique. Différents genres du cinéma adoptent ce type de récit :

- les *road movies* : *Easy Rider* de Dennis Hopper (1969), *Pierrot le Fou* de Jean-Luc Godard (1965), considéré comme le précurseur du genre, *Thelma et Louise* de Ridley Scott (1991), *Duel* de Steven Spielberg (1971)... ;
- les films d'aventures : *L'Homme qui voulut être roi* de John Huston (1975) ;
- les films initiatiques : *Matrix* de Lana et Lilly Wachowski (1999), *Le Seigneur des anneaux* de Peter Jackson (2001), *Avatar* de James Cameron (2009)...

Qu'elle soit tragédie ou comédie, l'Odyssée possède une constante structurelle qui retrace les étapes du *voyage du héros* : l'appel, le départ, les premières épreuves, l'épreuve suprême, la récompense, l'abandon des instruments du pouvoir et le retour (voir à ce propos le livre de Joseph Campbell, *Le Héros aux mille et un visages*).

9 Armand Assante dans *L'Odyssée* d'Andrei Konchalovsky, mini-série d'après le poème épique d'Homère diffusée en 1997.

L'Iliade

L'Iliade, quant à elle, est une recherche du temps perdu, le retour en un point. Elle évoque un lieu clos qu'il s'agit de pénétrer ou dont il faut s'échapper. *Le Procès* d'Orson Wells (1962) est un bon exemple de ce type de film.

La constante structurelle de l'Iliade est l'affrontement entre deux entités, deux mondes, deux groupes humains ou encore deux personnages.

10 Brad Pitt dans *Troie* de Wolfgang Petersen (2004), scénario de David Benioff d'après le poème *l'Iliade* d'Homère.

Les modèles référents

Les modèles mythologiques

Les figures et modèles mythologiques imposent aussi des structures aux films qui les adoptent : Tiresia (*Tiresia* de Bertrand Bonello, 2002), Faust (*La Beauté du diable* de René Clair, 1950 ou *L'Imaginarium du docteur Parnassus* de Terry Gilliam, 2009), Médée (*Médée Miracle* de Tonino De Bernardi, 2007), Noé (*Le Principe de l'arche de Noé* de Roland Emmerich, 1984), Icare (les films de Michelangelo Antonioni)...

On appelle ces modèles des « mythèmes ». L'époque, les décors et les mœurs changent, mais les personnages, leur parcours, les thèmes et la structure restent à quelques variations près ceux du mythe. Les mythèmes prennent d'ailleurs toute leur force lorsqu'ils sont associés à des problématiques contemporaines.

11 Gérard Philipe et Simone Valère dans *La Beauté du Diable* de René Clair (1950), scénario de René Clair d'après *Faust* de Goethe.

Les genres cinématographiques

Le film policier, le western, le thriller, le film d'aventure, le film fantastique offrent tous un répertoire de personnages, de lieux, d'actions et de situations types qui structurent leurs récits. Ces structures sont d'ailleurs les référents du genre, tout en restant assez souples quant à la succession des événements. Le spectateur doit y retrouver les éléments qui créent le genre, comme le duel final d'un western. Il sait plus ou moins ce qui va se passer ; il ne se demande pas si le héros va réussir, mais comment il va réussir. Dans cet ordre d'idée, Howard Hawks n'a pas hésité à refaire trois fois le même western à succès en reprenant le même comédien, John Wayne : *Rio Bravo* (1959), *El Dorado* (1967) et *Rio Lobo* (1970).

Chaque époque est censée recréer ses modèles en renouvelant les modèles précédents par détournement, retournement, croisement des genres. Mais la structure et les éléments qui les définissent restent globalement identiques. Enfin, quel que soit le genre, il doit répondre aux exigences et règles dramaturgiques de n'importe quel film. Il n'y a pas de différence.

Les principaux genres au cinéma

En son temps, Aristote ne distinguait que deux genres : la tragédie et la comédie. Dans la première, le conflit apparent était surdéterminé par des forces métaphysiques, morales ou sociales qui échappaient aux personnages. La comédie, quant à elle, dépeignait les travers de la société.

> **À noter.** Pour que naisse un nouveau genre cinématographique, il faut qu'un nombre important de films offrent une certaine ressemblance de style, de forme et de thème, mais aussi que les spectateurs et les professionnels du cinéma reconnaissent cette ressemblance et lui donne un nom.

En France la classification, opérée par le Centre national du cinéma et de l'image animée (CNC), en a retenu une douzaine (animation, biopic, comédie/comédie dramatique, documentaire, drame, fantastique/science-fiction/horreur, guerre/histoire, policier et thriller/aventure) et qui ont eux-mêmes des sous-genres. Ces frontières sont très mouvantes car aujourd'hui les genres s'entrecroisent et se superposent allègrement pour se renouveler : policier avec western, policier avec science-fiction, aventure avec fantastique, historique avec fantastique, western avec film de sabre... des associations qui sont d'ailleurs toujours apparentées au drame ou à la comédie.

La comédie

> **Remarque.** La comédie demeure en France le genre qui produit le plus grand nombre de films : 50 % (autant que l'ensemble des autres réunis). Viennent ensuite le drame (11 %), l'aventure (7 %) et l'animation (4 %).

Elle peut être satirique, dramatique, sentimentale, sociale, burlesque... Tout dépend de son degré d'exagération, de son éloignement avec le réel. Elle tend généralement à tourner en dérision les caractères et les mœurs d'une société à une époque donnée. La poursuite du bonheur est le thème majeur des comédies sentimentales, le tragicomique de l'existence celui de la comédie sociale, la perte de dignité et l'erreur d'identité ceux de la comédie burlesque. Pour provoquer le rire, elle compte principalement sur la surprise, les renversements de situation, les coups de théâtre et la répétition. Les spécialistes du genre affirment qu'il faut toujours imaginer une comédie à partir de quelque chose de très sérieux. Les meilleures comédies seraient des tragédies masquées – l'envers de la médaille. La comédie est certainement l'un des genres les plus difficiles à écrire. Elle exige une mécanique scénaristique parfaitement huilée, des dialogues ciselés, des personnages attachants, une progression dramatique qui va s'accélérant jusqu'à l'explosion finale – mais surtout elle doit faire rire, ce qui n'est pas donné à tous les auteurs car l'humour ne s'apprend pas.

À voir ou revoir. *Tout sur ma mère* de Pedro Almodovar (1999), *Forrest Gump* de Robert Zemeckis (1994), *Petites Coupures* de Pascal Bonitzer (2002), *Western* de Manuel Poirier (1997), *La Crise* de Coline Serreau (1992), *Trafic* de Jacques Tati (1970), *Les Visiteurs* de Jean-Marie Poiré (1993), *Le Dictateur* de Charles Chaplin (1940)...

Le drame

Il peut être psychologique, épique, sentimental, social. Généralement il est réaliste et aborde avec sérieux des thèmes graves. Il ne faut pas le confondre avec la tragédie, dont l'un des protagonistes finit toujours par mourir. Le drame fait le portrait de gens à la recherche d'eux-mêmes, de groupes sociaux qui s'affrontent. Il est l'occasion de parcours initiatiques et de prises de conscience. La problématique amoureuse en est souvent le thème central, mais aussi le monde, le souvenir, la mort, le sens de la vie, la famille, la misère... Il y aurait deux types de drame : le drame naturaliste que l'on appelle aussi tranche de vie, qui dramatise le moins possible pour rester au plus près de la réalité et le drame réaliste, qui dramatise tout ce qui peut l'être tout en voulant donner une impression de réalité.

À voir ou revoir. *Aviator* de Martin Scorsese (2004), *The Grandmaster* de Wong Kar-wai (2013), *La Reine Margot* de Patrice Chéreau (1994), *Lost in translation* de Sofia Coppola (2003), *L'Anguille* d'Ohei Immamura (1997), *Saraband* d'Ingmar Bergman (2003), *Inside Llewyn Davis* de Joël Coen (2013), *La Loi du marché* de Stéphane Brizé (2015), *La Promesse* de Luc et Jean-Pierre Dardenne (1995)...

Le film d'aventure

Le film d'aventure se caractérise par la simplicité de son intrigue, ses invraisemblances et ses excentricités, bien que parfois sa construction narrative puisse être extrêmement complexe. Son protagoniste, souvent un héros aux dimensions mythiques, est doté de beaucoup de charme et de compétences. Le thème est généralement la défense du droit et de la justice. Ses sous-genres sont le péplum, le film de cape et d'épée, les films d'arts martiaux, mais on pourrait tout à fait y ranger le western, le film de science-fiction ou encore le *road movie*.

À voir ou revoir. *Robin des Bois* d'Allan Dwan (1922), *Cartouche* de Philippe de Broca (1962), *Indiana Jones et la dernière croisade* de Steven Spielberg (1989), *L'Homme qui voulut être roi* de John Huston (1975), *La Momie* d'Alex Kurtzman (2017)...

Le film historique

Le film historique (ou film en costumes) a pour vocation de raconter, tout en étant plus ou moins fidèle à la réalité, des événements ou la vie de personnages de l'histoire. Le péplum, le western, le film de cape et d'épée et même le film de guerre pourraient être considérés comme des sous-genres du film historique. L'époque reculée, l'habillement, les décors, les rapports sociaux, la langue dépaysent totalement le spectateur. Grâce à ce décalage spatio-temporel, le film historique permet d'aborder des sujets d'actualité brûlants sans risquer d'offusquer son public.

À voir ou revoir. *La Déchirure* de Roland Joffé (1984), *La Guerre du feu* de Jean-Jacques Annaud (1981), *Exodus* de Ridley Scott (2014), *Meurtre dans un jardin anglais* de Peter Greenaway (1982), *Le Dernier Empereur* de Bernado Bertolucci (1987)...

Le film biographique

On l'appelle aussi *biopic*. On l'assimile au film historique lorsqu'il retrace la vie d'un grand personnage ayant réellement existé dans le passé, mais il peut aussi faire le portrait d'une célébrité encore vivante (*Welcome to New*

York d'Abel Ferrara, 2014) ou qui n'est pas une figure de l'histoire. Son principe fondamental est de rester fidèle à la personnalité de l'homme (ou la femme) dont on raconte la vie sans pour autant s'interdire d'inventer ou d'interpréter.

À voir ou revoir. *The Doors* d'Oliver Stone (1991), *Le Discours d'un roi* de Tom Hooper (2010), *Steve Jobs* de Danny Boyle (2016), *Les Derniers Jours* de Marc Rothemund (2005), *Gainsbourg (vie héroïque)* de Joann Sfar (2010)...

Le thriller

Le thriller (ou film à suspense) raconte des histoires qui cherchent avant tout à maintenir chez le spectateur une tension maximale jusqu'au dénouement. Les thrillers sont souvent des histoires policières, mais la structure de leur intrigue diffère. Dans un thriller, le héros s'oppose à un ennemi tandis que dans un film policier, il doit démasquer le coupable d'un crime. Il s'agit généralement d'histoires de tueurs en série, de terroristes, d'assassinats ou de complots politiques. Les procédés narratifs employés sont souvent les mêmes : fausses pistes, rétention d'informations et scènes d'actions, surtout lors du climax (voir Chapitre 5, « Les nœuds dramatiques », pour une définition de ce terme).

À voir ou revoir. *JFK* d'Oliver Stone (1991), *Zodiac* de David Fincher (2007), *Répulsion* de Roman Polanski (1965), *La Pianiste* de Michael Haneke (2001), *Inception* de Christopher Nolan (2010)...

Le film de science-fiction

Il développe un univers technologique et scientifique imaginaire fondé sur le réel en posant la sempiternelle question : « Que se passerait-il si les choses en arrivaient là ? » Il traite de thèmes devenus de grands classiques : le voyage dans le temps, dans l'espace, la conquête des planètes, la rencontre avec des extraterrestres, la lutte entre l'homme et ses créations – robots, pollution, clones, situations apocalyptiques...

À voir ou revoir. *Blade Runner 2049* de Denis Villeneuve (2017), *La Planète des singes : Suprématie* de Matt Reeves (2017), *Lucy* de Luc Besson (2014), *Gravity* d'Alfonso Cuarón (2013), *Nobody* de Jaco Van Dormael (2009)…

Le film fantastique

Les films fantastiques font intervenir des monstres, des fantômes, des vampires, des êtres aux superpouvoirs, créés ou non par l'homme. Ils font appel au surnaturel, au merveilleux, à l'horreur, à l'insolite, à l'épouvante, au cauchemar et à la folie. C'est toujours l'intrusion dans la réalité d'une autre réalité qui met en danger l'intégrité physique, morale et mentale de l'homme. Ses sous-genres sont le film d'horreur et le film merveilleux, voire la science-fiction.

À voir ou revoir. *Dracula* de Francis Ford Coppola (1992), *Batman* de Tim Burton (1989), *Vers l'autre rive* de Kiyoshi Kurosawa (2015), *L'Exorciste* de William Friedkin (1971), *Les Visiteurs du soir* de Marcel Carné (1942), *Le Magicien d'Oz* de Victor Fleming (1939)…

Le film de guerre

Le film de guerre est par définition un genre dont le thème central est la guerre et ses conséquences. Il porte souvent le thème du sacrifice ou celui de la perte de l'innocence. Traité sous l'angle du patriotisme ou de l'antimilitarisme, il met en scène l'héroïsme ou l'absurdité de la guerre. C'est un genre qui s'est peu développé en France.

À voir ou revoir. *J'accuse* d'Abel Gance (1919), *Les Sentiers de la gloire* de Stanley Kubrick (1957), *Americain Sniper* de Clint Eastwood (2014), *Il faut sauver le soldat Ryan* de Steven Spielberg (1998), *La Grande Illusion* de Jean Renoir (1937), *L'Ennemi intime* de Florent Emilio (2007)…

Le documentaire

Il cherche en principe à capter le réel sans jugement ni manipulation pour montrer le plus objectivement possible. Mais si le réel est son matériau de base, sa narration est dramatisée comme pour n'importe quel film. L'objectivité zéro n'existe pas lorsqu'il faut faire des choix, surtout lorsque l'on s'adresse à un public.

À voir ou revoir. *Le Peuple migrateur* de Jacques Perrin, Jacques Cluzaud et Michel Debats (2001), *Super Size Me* de Morgan Spurlock (2004), *Nuit et Brouillard* d'Alain Resnais (1956)...

Le western

Le western est un sous-genre du film historique qui connaît son apogée dans les années cinquante avant d'être réinventé par les cinéastes européens dix ans plus tard avec les fameux « westerns spaghetti », notamment ceux de Sergio Leone. On y retrouve toujours les mêmes archétypes : les chevauchées, les paysages immenses, les saloons, les bagarres, les hommes forts, la jeune vierge, les voleurs de bétail, la pire canaille, l'entraîneuse, les lynchages, les duels... Ses thèmes sont la conquête des grands espaces, la quête d'un individu ou d'une communauté, la loi du plus fort, la vengeance, la question des Indiens, le progrès (le chemin de fer, par exemple) et les notions de bien et de mal.

À voir ou revoir. *Le Bon, la Brute et le Truand* de Sergio Leone (1966), *L'Homme qui tua Liberty Valance* de John Ford (1962), *Le Train sifflera trois fois* de Fred Zinnemann (1952), *Blindman, le justicier* de Ferdinando Baldi (1971)...

Le film policier

Le film policier met toujours en scène trois types de personnages : l'assassin (ou voleur), le policier (ou détective privé) et la victime. Ses sous-genres sont le film de gangster, de détective et le film noir. Ils ratissent les thèmes du bien et du mal, du crime organisé, de la femme fatale, du tueur en série, de la transformation morale de l'enquêteur. Pour l'anecdote, le film de gangsters serait né en France avec *Fantomas* de Louis Feuillade (1913) et en Allemagne avec *Mabuse* de Fritz Lang (1922). Mais à cette époque, ces films ne constituaient pas encore un genre.

À voir ou revoir. *L'Inspecteur Harry* de Don Siegel (1971), *Ghost Dog, la voie du Samouraï* de Jim Jarmush (1999), *Da Vinci Code* de Ron Howard (2005), *Quai des orfèvres* de Henri-Georges Clouzot (1947), *La Femme à abattre* de Raoul Walsh (1951), *Bad Lieutenant* d'Abel Ferrara (1992), *Hana-Bi* de Takeshi Kitano (1997)...

12 Morgan Freeman dans *Seven* de David Fincher (1995), scénario d'Andrew Kevin Walker. Un film policier sombre, proche du film noir, qui renouvelle le genre. Peu de coups de feu et d'action : une seule course-poursuite à la fin et à pied. Les crimes successifs structurent le récit en se référant au livre *Les Écrits de Saint Thomas* qui énonce les sept péchés capitaux dans un ordre précis que le tueur en série suivra méticuleusement.

Astuce. Pour déterminer le genre dans lequel une histoire évolue, il suffit de se fonder sur l'objectif du personnage principal :

– *Trouver un sens à sa vie :* c'est un objectif que l'on va rencontrer dans les contes, les films d'auteur, les drames et parfois les policiers (quête/enquête).

– *Rester en vie :* c'est l'objectif qui va animer les protagonistes des thrillers (généralement pris dans un complot), des films d'aventure, fantastiques, catastrophe ou d'horreur.

– *Mourir pour une cause :* c'est l'objectif du personnage des films d'aventure, d'action, de guerre et de science-fiction.

Vous pouvez d'ailleurs vous amuser à plaquer ces trois objectifs sur tous les films de genre qui vous ont marqué : je vous assure que vous y retrouverez les mêmes correspondances.

Les situations dramatiques

Une histoire totalement originale n'existe probablement pas. C'est la façon de la raconter qui peut être originale et c'est valable pour tous les arts narratifs. Ce qui faisait dire à un scénariste : « Oui, toutes les histoires ont été écrites, mais pas par moi. » Le nombre de situations dramatiques exploitées dans les œuvres littéraires, théâtrales ou cinématographiques mondiales est donc limité. Les histoires se structurent suivant ces patrons de façon plus ou moins systématique, plus ou moins combinatoire, plus ou moins assujettie au modèle. Ils sont repris à chaque époque car ils forment des intrigues de base. Il suffit de changer le contexte, le genre et le type de narration.

- être traqué (*Le Fugitif* d'Andrew Davis, 1995) ;
- sacrifier les siens (*Le Choix de Sophie* d'Alain J. Pakula, 1982) ;
- sauver (*Armageddon* de Michael Bay, 1998) ;
- obtenir ou conquérir (*Ulysse* de Mario Camerini, 1954, *Les Liaisons dangereuses* de Stephen Frears, 1988, *La Vie rêvée des anges* d'Erick Zonca, 1998) ;
- vivre un amour contrarié (*Roméo et Juliette* de Baz Luhrmann, 1996) ;
- ravir ou kidnapper (*Misery* de Rob Reiner, 1990)...

13 Harrison Ford dans *Le Fugitif* d'Andrew Davis (1995), scénario de Jeb Stuart et David Twohy. Un film qui développe la situation dramatique la plus forte selon Georges Polti : *être traqué.*

> **Remarque.** L'écrivain français Georges Polti, dont sont tirées ces situations, en a isolé trente-six (voir *Les Trente-six Situations dramatiques*, Mercure de France, 1895). Le philosophe Étienne Souriau affirmait quant à lui l'existence de plus de *Deux Cent Mille Situations dramatiques* (Flammarion, 1950)...

Je vous invite à lire le livre de Ronald B. Tobias, publié en 1993 : *20 Master Plots : And How to Build Them.* Dans cet ouvrage, l'auteur répertorie et analyse vingt grands types d'intrigues que l'on trouve indifféremment dans les contes de fées, les romans, les films et les séries TV : la quête, l'aventure, la poursuite, le sauvetage, l'évasion, la vengeance, l'énigme, la rivalité, l'antihéros, la tentation, la métamorphose, la transformation, la maturation ou récit initiatique, la romance, l'amour interdit, le sacrifice, la découverte, le dépassement de la ligne rouge, l'ascension et la descente aux enfers. Les films se réduiraient donc à ces quelques modèles qui offriraient des combinaisons narratives infinies.

« Si je n'ai pas la fin, je n'ai rien. »
Éric Rohmer

Chapitre 4

Les trois actes

Tout récit a forcément un début, un milieu et une fin. On naît, on vit, on meurt. C'est ce qu'on appelle « La Trinité ». On aura beau faire toutes les tentatives possibles pour structurer autrement un scénario (une histoire sans fin, par exemple), ces nouvelles constructions ne pourront être tentées qu'en déconstruisant la structure en trois temps, ce qui revient au même : La Trinité reste toujours la référence.

La « Trinité »

Ces trois temps sont appelés actes, au sens d'« actes dramatiques » : le début, le milieu et la fin, ou encore « exposition, péripétie et catastrophe » dans le modèle antique défini par Aristote : c'est une fois que se termine le commencement que vient naturellement le milieu qui, lorsqu'il se termine, devient naturellement la fin.

Remarque. Les histoires écrites en cinq ou six actes sont destinées au théâtre car elles permettent les changements de décor, ou à la télévision pour les coupures publicitaires. Il ne s'agit pas d'actes dramatiques mais plutôt de blocs narratifs qui finissent généralement sur un coup de théâtre.

Au fil du temps, les appellations ont changé mais ont toujours désigné la même chose : exposition > conflit > résolution, exposition > nœud (nouement) > dénouement, ou encore introduction > développement > conclusion. Aujourd'hui, dans notre ère de simplification numérique, on dit tout simplement : 1, 2, 3.

À savoir. Akira Kurosawa se fondait sur la structure du Nô et ses trois phases, d'autres choisissent la structure de la symphonie avec ses trois ou quatre mouvements d'allure contrastée. Certains théoriciens affirment d'ailleurs que ce qui ressemble le plus à un scénario n'est ni un roman ni une pièce de théâtre, mais une partition musicale.

14 Tony Leung dans *Les Cendres du temps* de Wong Kar-wai (1994), scénario de Wong Kar-wai, librement adapté du roman *La Légende du héros chasseur d'aigles* de Jin Yong. Dans ce film plusieurs histoires s'entremêlent, donnant lieu à d'innombrables *flash-backs*. Toutes ont pour héros des hommes qui, après avoir gâché leur vie sentimentale, sont devenus maîtres dans l'art de manier le sabre. Wong Kar-wai construit son récit comme une partition musicale, chaque histoire étant une variation sur le thème des rapports amoureux.

Le *paradigme de Syd Field* va encore plus loin et propose :

- 1 : une introduction (exposition) se terminant par un premier coup de théâtre ;
- 2 : un développement (nœud) lors duquel ont lieu la confrontation et un second coup de théâtre ;
- 3 : une conclusion, la résolution.

Il précise même les proportions à respecter : le premier acte doit occuper un quart de la durée totale, le deuxième la moitié et le troisième le quart restant. Chaque partie doit être construite comme un scénario, en trois temps, avec sa propre exposition, son nœud et sa résolution, et ses charnières qui les font passer de l'un à l'autre.

Notre histoire serait plutôt un drame et *a priori* une Iliade. Notre personnage va devoir pénétrer dans la sphère de l'opposant (celui qui a tué sa femme) pour pouvoir se venger. Elle ne reprend aucun mythe connu. Le conflit intérieur du personnage principal (la haine) se projette vers l'extérieur dans un projet de vengeance, ce qui va créer des conflits relationnels avec les autres personnages. Nous pouvons donc poser une première structure de l'histoire en trois actes (1, 2, 3) à partir de nos deux propositions :

EXPOSITION		NOUEMENT		RÉSOLUTION
		DRAMATIQUE		
Alex	DÉCLENCHEUR	Prêt à tout pour se venger	DÉCLENCHEUR	Obligé de renoncer
		THÉMATIQUE		
Alex	DÉCLENCHEUR	La haine	DÉCLENCHEUR	La voie de l'amour

15 Structure de l'histoire en trois actes (1, 2, 3).

Regardons quelques instants ce premier schéma. Appelons notre héros Alex et mélangeons nos deux propositions :

Alex veut se venger de l'assassin de sa femme car il est animé par la haine, mais l'amour le fera renoncer à cet objectif.

Continuons en remplissant nos cases, sans nous interdire quoi que ce soit (vous apprendrez très vite qu'écrire, c'est réécrire sans cesse ; il ne faut donc pas se censurer).

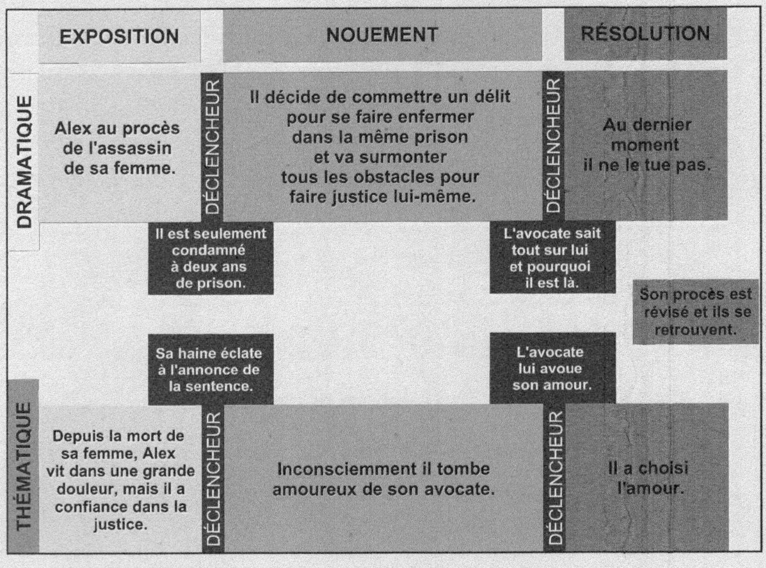

16 Développement de l'histoire en trois actes (1,2,3).

En alternant conflits interne et externe on peut écrire le synopsis suivant :

Depuis la mort de sa femme, Alex vit dans une grande douleur. Ce jour-là, il assiste au procès de son assassin. Sa fureur éclate à l'annonce de la sentence, seulement deux ans de prison. N'écoutant plus que sa haine, il décide de commettre un délit pour être incarcéré dans la même prison et faire justice lui-même, même s'il risque d'y finir ses jours. Ce qui n'était pas prévu, c'est la rencontre avec son avocate dont il tombe inconsciemment amoureux. Après avoir surmonté tous les obstacles, il tient enfin la vie de l'assassin de sa femme entre ses mains, mais l'avocate lui avoue son amour. Au dernier moment, il renonce à sa vengeance pour pouvoir sortir et retrouver la femme qu'il aime.

En remplissant un peu plus nos cases, nous pouvons raconter une histoire déjà structurée chronologiquement, avec sa narration linéaire en trois actes, ses charnières dramatiques, son déclencheur et son climax tant au niveau dramatique que thématique.

Cette facilité, si j'ose dire, est due au travail de réflexion sur le sens de l'action, le sens de notre histoire, formulé d'abord par nos deux propositions dramatique et thématique principales. Tout repose sur ce socle, comme les deux poutres d'acier d'un édifice. Chaque élément dramatique et thématique étant agencé de telle sorte que l'un induit nécessairement l'autre, et ainsi de suite.

Ce rapport de causalité entre conflits interne et externe est l'énergie du scénario, il produit l'action et l'émotion dans un mouvement d'aller-retour qui ne s'arrêtera qu'à la fin de l'histoire :

Émotion > réaction > action > émotion > réaction > action > émotion...

On observera ce même phénomène avec les obstacles externes et internes, ce qui est normal puisque ce sont les conflits qui créent les obstacles.

À noter. L'intrigue secondaire, portée par les propositions du personnage secondaire, est structurée de la même façon que l'intrigue principale : trois parties, déclencheurs, climax, crise... et doit répondre aux mêmes impératifs narratifs.

Acte 1 : exposition, introduction

L'exposition est la partie où sont exposés au spectateur les différents éléments qui vont faire fonctionner l'histoire. Elle plante le décor, présente le protagoniste, les autres personnages principaux et leurs relations entre eux ; elle expose les événements qui vont amener le protagoniste à vouloir, ou ne pas vouloir quelque chose (désir/répulsion).

C'est à ce moment que le spectateur découvre l'objectif du protagoniste qui, lui, peut déjà avoir commencé avant l'ouverture du film. Dans cette partie il y a plus d'informations que d'action – ce rapport action/information s'inversant en principe dans les deux autres parties pour devenir action pure dans la résolution. C'est la partie du scénario la plus difficile à écrire car il faut donner un maximum d'informations en un minimum de temps (dix à vingt minutes) sans ennuyer le spectateur.

Il n'y a que vous pour décider ce que le spectateur a besoin de savoir pour s'intéresser à votre histoire. Aussi, une bonne méthode est de s'interroger sur chacun de vos personnages et ce qu'il est important d'apprendre sur eux à ce stade de l'histoire. Un seul conseil : allez à l'essentiel.

Dans certains types de films, l'exposition est très rapide car l'objectif est tout de suite clair. Par exemple :

Un bateau coule en pleine mer. Sur les canots de sauvetage les survivants vont tout faire pour survivre.

L'exposition consiste à couper en petits morceaux l'information dont a besoin le spectateur et faire une scène avec chacun d'eux. Peu importe la manière, le spectateur ne doit en aucun cas voir la mécanique interne de la machine. Il ne doit pas sentir qu'on est en train de lui injecter de l'information. L'action doit l'emporter avant même qu'il le réalise. Les bonnes scènes d'exposition sont celles qui égrainent un certain nombre de questions dans la tête du spectateur, qui devient impatient de connaître la suite. L'exposition prend fin lorsque les conditions nécessaires sont toutes réunies pour rentrer dans le nœud de l'histoire.

La scène d'ouverture

Où commencer l'exposition? Difficile de répondre à cette question. Aucune règle ne viendra vous aider car, là aussi, le moment de l'histoire par lequel commencer votre récit ne dépend que de vous. Il est quand même préférable que la scène d'ouverture réponde aux questions : Qui? Quoi? Où? Quand? Pourquoi? Le plus important étant de répondre à la première.

Les scénaristes américains veulent saisir le spectateur et le clouer à son siège : il doit être intrigué, fasciné dès les premières images du film. Les dés sont jetés dès la scène d'ouverture : si vous ratez votre entrée, vous perdez la partie. Pour Boileau, il faut commencer au plus près de la crise, au plus près de la fin.

Toutes les écoles s'accordent pour dire que les informations au démarrage d'un récit doivent être exposées en action et qu'une exposition dynamique débute alors que l'action elle-même a déjà commencé.

Pour certains, les meilleures scènes d'ouverture seraient celles qui posent immédiatement la question dramatique (ce que d'autres appellent l'enjeu dramatique) et le principal obstacle :

Le personnage va-t-il réussir à battre le casino? Le personnage va-t-il réussir à se venger de l'assassin de sa femme? Les deux personnages vont-ils pouvoir s'aimer malgré leur différence sociale?

En adoptant ce procédé pour notre histoire, nous pourrions ouvrir le film dans les douches de la prison : Alex est en train de s'approcher du meurtrier de sa femme, un couteau à la main. Dans son attitude, on sent que ce n'est pas un assassin et que tuer un homme lui fait vraiment très peur. Il arrive sans bruit derrière sa victime et au moment où il va frapper, CUT, on passe au début de notre récit. En une scène, la question dramatique du film serait posée : Alex va-t-il tuer l'homme ? Nous présenterions le protagoniste, son objectif et les obstacles : le meurtier de la femme d'Alex, la prison et Alex lui-même. La suite ne serait plus qu'une démonstration : oui, il va réussir à le tuer et on va voir comment ou non, il va abandonner par amour.

C'est un procédé qui a le mérite de poser l'essentiel en une scène et lance tout de suite l'action. Mais pour ne pas tuer le *suspense*, il faut livrer finement les informations comme on le fait pour un insert. Elles doivent en dire assez sans tout révéler. Les partisans de ce procédé affirment qu'en posant ainsi l'enjeu dramatique du film, chaque scène prend une dimension dramatique supplémentaire. On joue cartes sur table avec le spectateur qui va prendre beaucoup de plaisir à rentrer dans la partie, puisqu'il connaît le postulat de départ, la règle du jeu.

Les procédés de l'exposition

Pour créer une bonne exposition, plusieurs procédés sont à notre disposition. Deux règles seulement :

- votre exposition ne doit pas avoir l'air d'une exposition, quitte à détourner l'attention du spectateur ;
- il ne faut pas donner plus d'une information importante par scène.

Le conflit

Nous avons vu dans le chapitre consacré au conflit qu'il est le moteur le plus puissant de la dramaturgie. Faire appel à des situations conflictuelles lors de l'exposition est la meilleure technique qui soit pour informer le spectateur : les choses se mettent en mouvement, l'action se dynamise et se dramatise, puis l'information est véhiculée émotionnellement grâce au phénomène d'identification. Nous avons par exemple tous en tête l'interrogatoire brutal qui ouvre un film :

Un suspect prend des coups tout en criant son innocence.

Nous nous identifions instantanément à lui : nous ressentons sa souffrance physique et partageons sa colère. Non seulement nous sommes prêts à recevoir toutes les informations, mais nous sommes en demande : nous voulons comprendre et savoir.

La contre-action

La contre-action dans l'exposition sert à faire passer l'information en détournant visuellement l'attention. Elle peut être spectaculaire ou non, sans lien avec le dialogue ou l'action en cours, tragique ou comique, le plus important étant que l'effet soit filmique – c'est-à-dire visuel. Par exemple :

Deux hommes mettent au point le braquage d'une banque en faisant une course de vélo.

Le jeu du discours

Cette technique consiste à se servir du dialogue pour faire passer l'information nécessaire. Très utilisée en comédie, où elle utilise l'humour pour faire diversion... Le plus difficile étant d'être drôle.

L'accroche, l'amorce, le teaser

Technique très utilisée à la télévision, l'accroche consiste à capter l'intérêt du spectateur en commençant l'histoire par un événement frappant et spectaculaire. Elle ne doit cependant pas être trop forte pour ne pas affaiblir le reste du récit et s'intégrer à la progression dramatique de votre histoire.

L'interlocuteur

Un autre moyen pour exposer des informations est de faire intervenir un personnage que votre protagoniste ne reverra jamais.

Une banquette d'aéroport : une personne en face du protagoniste pose des questions. Celui-ci se livre facilement et raconte des choses intimes.

17 Dans cette fameuse scène d'ouverture d'*Annie Hall* de Woody Allen (scénario de Woody Allen et Marshall Brickman, 1977), les deux protagonistes parlent de leur problème sexuel dans une file d'attente.

L'urgence

Faire entrer en scène ses personnages poussés par quelque chose de pressant est un excellent procédé pour faire passer l'information. Dans *Buffalo'66*, premier film de Vincent Gallo (1998), le personnage principal qu'il interprète cherche désespérément un endroit où uriner. C'est très drôle et très efficace car cela introduit symboliquement son malaise, son blocage affectif, qu'il n'arrive pas à évacuer. C'est d'ailleurs ce besoin pressant qui provoque sa rencontre avec le personnage féminin qui l'accompagnera dans son histoire et changera sa vie.

Le hareng-saur ou hareng rouge

Un terme qui nous vient de la chasse : on présentait ces poissons pourris à la truffe des chiens pour les détourner quelques instants et faire durer le plaisir de la chasse. Le hareng-saur, ou fausse piste, désigne une technique scénaristique destinée à détourner l'attention et l'anticipation du spectateur pour mieux le surprendre ensuite : on injecte une action prétexte qui fait passer l'information « en contrebande » . Une technique efficace lorsque l'exposition est longue ou lorsqu'on ne trouve pas son point d'attaque. Ce procédé dramatique est largement utilisé dans le policier.

18 Christina Ricci et Vincent Gallo dans *Buffalo'66* de Vincent Gallo (1998), scénario de Vincent Gallo et Alison Bagnall.

L'explorateur

Un bon procédé lorsque l'on a tout un milieu à faire découvrir au spectateur, donc beaucoup d'informations à lui fournir, est de suivre un personnage qui lui aussi découvre le milieu (l'arène) pour la première fois. Le spectateur s'identifie au personnage, et l'un et l'autre partent ensemble en exploration.

Pour exemple la célèbre scène d'ouverture du *Parrain* de Francis Ford Coppola (1972), où Kay (Diane Keaton) découvre les us et coutumes de la famille de son mari Michael (Al Pacino) pour la première fois.

L'exposition différée (vs exposition classique)

L'exposition différée est un procédé qui demande beaucoup de savoir-faire et d'habileté car elle consiste à ne pas donner délibérément au spectateur les informations indispensables à la compréhension de l'intrigue. Le spectateur est alors forcé de se poser des questions. Lorsque ces informations sont livrées par bribes jusqu'à la résolution, elle porte le nom d'exposition progressive.

À noter. Attention, une information ne peut être différée trop longtemps sans courir le risque de perdre son spectateur qui se lasse et décroche. Ce qui

19 Al Pacino et Marlon Brando dans *Le Parrain* de Francis Ford Coppola (1972), scénario de Francis Ford Coppola et Mario Puzo.

fait dire à un auteur qu'il faut livrer les informations seulement au moment où on ne peut plus faire autrement.

Voici un exemple d'exposition classique, dans lequel nous obtenons toutes les infos en même temps et suivons l'histoire d'un personnage en nous identifiant à lui :

> *Un homme rentre chez lui et s'enferme dans son bureau. Il sort un télégramme de sa poche et lit à nouveau le message qui lui annonce la mort de ses parents dans un accident de voiture. Derrière la porte, des coups : ce sont sa femme et sa fille qui lui implorent d'ouvrir. Mais il est tellement choqué qu'il ne bouge pas.*

Voici à présent une version « différée » de cette même exposition :

> *Un homme rentre chez lui et s'enferme dans son bureau. Sa femme et sa fille s'inquiètent : elles ont beau frapper à la porte, implorer qu'il ouvre, rien ne se passe.*

Ici, nous nous identifions à la femme et la fille tout en vivant un *suspense* latent. Il nous manque à nous aussi les infos pour bien comprendre la situation. Vous sentez bien qu'on ne pourra pas garder trop longtemps cachée la raison du comportement de l'homme (la mort accidentelle de ses parents) et qu'il faudra donner cette information assez rapidement.

La technique de l'exposition différée est intéressante car elle permet de bien préparer le changement qui va s'opérer chez votre protagoniste, d'amorcer ce qu'on appelle un *suspense* latent ou une ironie dramatique diffuse. Continuons la scène :

> *La femme et la fille ont fini par se résigner et se sont réfugiées dans l'immense salon. Lorsque l'homme pénètre dans la pièce, il annonce qu'il va tout plaquer et devenir moine. La femme, consternée, le regarde sortir de la pièce pour aller dans le jardin. Dans le bureau de son mari elle découvre alors le télégramme.*

Grâce à l'exposition différée nous nous identifions non seulement au protagoniste, mais également à son entourage puisque nous adoptons aussi son point de vue.

Généralement, lors de l'exposition, les défauts les plus courants sont : trop d'informations, trop de longueur, de lenteur, trop peu d'originalité, pas assez d'action, de visuel ; on ne donne pas envie au spectateur de s'intéresser au passé des personnages, de se laisser prendre par leur histoire.

Acte 2 : nœud, développement, confrontation

L'acte 2 contient l'action proprement dite et concentre la plupart des enjeux et rebondissements importants de l'histoire. Il raconte les tentatives du protagoniste pour atteindre son objectif malgré les nombreux obstacles qui se mettent en travers de sa route et qui gagnent sans cesse en intensité jusqu'au climax. On va ainsi de conflit en conflit jusqu'à la résolution du conflit principal, lorsque le protagoniste a atteint ou abandonné son objectif.

C'est l'acte le plus long à écrire. La difficulté se trouve généralement dans la deuxième partie où, très souvent, l'action s'essouffle par manque d'action ou d'enjeu, ce qu'on appelle le ventre mou. Pour l'éviter, le scénariste a recours à la « scène centrale », appelée aussi très justement la troisième charnière dramatique (*cf.* chapitre suivant) – généralement un coup de théâtre qui relance l'enjeu de l'action sans en changer la direction. Le bon déroulement de l'acte 2 dépend toujours de tout ce qui a été mis en place dans l'acte 1. C'est comme un coup de pied dans un ballon. Si on ne frappe pas assez fort, le ballon n'a pas assez d'énergie pour atteindre les filets. Si on tire de travers, on rate à nouveau la cible. Pour éviter ce type de déconvenue, le personnage principal doit rentrer dans l'acte 2 avec un objectif bien défini, motivé par un enjeu fort qui lui impose l'urgence. Il ne doit en aucun cas le perdre de vue et tout faire pour l'atteindre (la tâche). Ensuite, il faut que la progression dramatique, la graduation des obstacles et des tâches, la gestion de l'arc transformationnel, des inserts, de l'ironie dramatique, des coups de théâtre, de la structure, de l'anticipation soient correctement travaillés. Si c'est le cas, vous ne rencontrerez aucun problème jusqu'au climax, quel que soit le type ou le genre du film, et vous rentrerez naturellement dans le troisième acte. En revanche, si l'un de ces éléments manque ou est mal traité, il créera forcément un déséquilibre et affectera l'ensemble.

ACTE 3 : DÉNOUEMENT, RÉSOLUTION, CONCLUSION

Tout dans un récit se définit par rapport à la fin, car c'est le moment où les deux propositions (thématique et dramatique) prennent leur pleine signification et votre thèse tout son sens. C'est en fonction de la fin que l'on peut choisir le milieu et le début de son histoire, les articulations majeures par lesquelles on entre dans le nœud de l'intrigue et par lesquelles on en sort. Il est donc à nouveau fortement conseillé de commencer la phase de construction de son histoire seulement lorsque l'on peut en formuler précisément la fin, d'autant plus que la résolution est généralement le contraire de l'exposition.

Les histoires portées au cinéma où il n'y a délibérément pas de dénouement sont les films « tranche de vie » : *et la vie continue, les choses se répètent, rien ne peut changer*... Du point de vue du sens, c'est quand même un dénouement.

Fin de l'histoire

Une histoire se termine lorsque les buts sont atteints. Le troisième acte exprime alors brièvement les conséquences de l'action. Il doit être court car il n'y a plus d'intérêt. Sauf si le personnage n'a pas atteint son objectif et que cela exige ce qu'on appelle « un troisième acte numéro deux ». Il est généralement une conséquence du premier : cas par exemple d'un casse réussi, à la suite duquel il faut échapper à la police. Il est systématiquement utilisé dans les films fantastiques qui mettent en scène monstres, aliens et catastrophes. Introduite juste au début du troisième acte, la chute fournit une réponse dramatique différente de celle annoncée à la fin du deuxième acte. On croit le monstre mort (réponse dramatique 1), mais il ne l'est finalement pas et c'est reparti pour un tour : nouvel affrontement, nouveau climax, nouvelle réponse dramatique.

Exemple dans le film *Savages* d'Oliver Stone (2012) :

> *Le dénouement raconte l'affrontement final entre les protagonistes du film qui vont échanger leur otage respectif dans un désert; mais cela tourne mal, ils se tirent dessus et nos deux héros sont touchés; l'un d'eux mortellement blessé. Ils sont rejoints pas l'héroïne du film et tous les trois se suicident pour finir en apothéose l'histoire d'amour qu'ils vivaient ensemble. Ce dénouement romantique est la vision de la jeune femme qui est aussi la narratrice, la voix off du film. Retour en arrière, comme une bande-vidéo qui défile, et nous vivons à nouveau la situation avec un deuxième dénouement, celui-là bien réel et bien différent : personne ne meurt et tous sont arrêtés par la police.*

20 Salma Hayek et Blake Lively dans *Savages* d'Oliver Stone (2012), scénario de Shane Salerno et Oliver Stone, d'après le roman éponyme de Don Winslow.

Tous les conflits tissés au cours du récit ne sont pas forcément résolus. Toutefois il faut tous les traiter, leur réserver un sort. Ce dénouement doit découler naturellement de tout ce qui a été mis en place et non être dû au hasard ou à un *Deus ex machina* (l'arrivée de la cavalerie dans les westerns). À ce stade de votre script, vous n'avez pas le droit à ce genre de facilité qui, de surcroît, ne dénoue rien.

Remarque. En règle générale, si le troisième acte fonctionne mal, cela signifie que le premier acte est fautif. Les autres erreurs les plus courantes sont une résolution à coup de clichés ou de facilités (le pire étant : « Ce n'était qu'un rêve »), une résolution qui traîne en longueur, des situations non résolues ou des personnages non révélés : en tous les cas des éléments non traités.

Épilogue ou tag

On l'appelle comme on veut. L'important c'est d'avoir toujours, après la résolution, ce petit moment qui permet au spectateur d'imaginer ce que sera la vie des protagonistes, les conséquences de leur choix. Un des plus vieux tags :

Ils se marièrent et eurent beaucoup d'enfants.

Il faut toujours savoir où est son climax
car tout tend vers lui.

Chapitre 5

Les nœuds dramatiques

Avant de revenir à notre histoire, nous allons continuer avec ce qu'on appelle les charnières dramatiques (nœuds, déclencheurs) qui relient les trois actes entre eux mais peuvent aussi intervenir à tout moment pour relancer l'action. Une histoire va de nœud dramatique en nœud dramatique. C'est un obstacle qui peut être un coup de théâtre, une scène obligatoire, un renversement de situation ou un événement parfaitement prévisible.

Les nœuds dramatiques structurants

Parmi les différents nœuds dramatiques d'un film, trois ont un rôle structurant :
- l'incident déclencheur qui permet de nouer l'intrigue ;
- la scène centrale qui relance l'action sans en changer la direction ;
- le climax qui propulse l'action vers sa résolution.

L'incident déclencheur

L'incident déclencheur est le premier nœud dramatique. Il nous fait passer dans le deuxième acte. Il lance l'action et détermine l'objectif du personnage. Ce n'est pas forcément quelque chose de spectaculaire. Ce peut être un incident anodin, une situation conflictuelle, en tout cas quelque chose qui bouleverse la vie du personnage et que le spectateur doit ressentir très clairement.

Contrairement à l'acte 3, le hasard, comme le *Deus ex machina*, est très bien accepté par le spectateur pour commencer une histoire. Sans doute parce qu'il fait partie de ses prémices, que le plus souvent dans la vie cela commence ainsi :

> *Joël est un tranquille fermier. Une nuit, un engin spatial tombe dans son champ.*

Cet événement est le déclencheur qui perturbe la vie du personnage. Il doit réagir, l'histoire commence.

21 Louis de Funès et Jacques Villeret dans *La Soupe aux choux* de Jean Girault (1981), scénario et dialogues de Jean Halain d'après le roman éponyme de René Fallet. Le film ne sera pas un succès commercial et les critiques seront très mitigées. Pourtant, il restera un film culte pour le public.

La scène centrale

Pour conserver une tension dramatique pendant tout le récit et éviter le fameux ventre mou, le scénariste a recours à la scène centrale, qu'on appelle aussi troisième charnière dramatique : c'est généralement un « coup de théâtre » qui relance l'action sans en changer la direction. Pour exemple, le film *The Crying Game* de Neil Jordan (1992) :

> ***Acte 1***
>
> *Jody, soldat britannique enlevé par l'IRA, est surveillé pendant sa détention par Fergus. Malgré leur opposition et la menace de mort qui pèse sur Jody, une solide amitié va s'installer entre les deux hommes. Jody demande alors à Fergus de s'occuper de sa petite amie (Dil) s'il devait perdre la vie. Fergus promet. Jody est tué au cours d'une intervention de l'armée britannique tandis que Fergus parvient à prendre la fuite.*

Acte 2

Fergus se rend à Londres pour se cacher et rechercher la mystérieuse Dil. La jeune femme qu'il rencontre le fascine et il en tombe éperdument amoureux.

Coup de théâtre

Tout est remis en question quand il découvre que Dil est un travesti!

Cette information arrive pratiquement au milieu du deuxième acte et relance totalement l'action sans la changer : elle apporte un nouvel intérêt, une nouvelle dimension, un enjeu supplémentaire. Elle relance la question dramatique, qui passe de : « Va-t-il pouvoir l'aimer ? » à : « Va-t-il pouvoir l'aimer malgré son aversion pour les travestis ? »

22 Jaye Davidson et Stephen Rea dans *The Crying Game* de Neil Jordan (1992), scénario de Neil Jordan.

Le climax

Le climax, situé à la fin du deuxième acte, est le nœud dramatique le plus important. Souvent associé à du spectaculaire, à un affrontement avec la mort, c'est le point culminant d'une histoire, l'obstacle le plus haut, le plus difficile à surmonter. C'est aussi et surtout le moment où la phase finale de l'histoire est atteinte : le personnage principal assure pleinement ses choix, et le spectateur comprend tous les tenants et les aboutissants du récit. Bientôt sera connue la réponse à la question dramatique posée au début du récit : le personnage va-t-il atteindre son objectif?

Dans le film *Barry Lyndon* de Stanley Kubrick (1975), le duel entre le protagoniste et son jeune beau-fils est le climax du film. Lorsque le protagoniste choisit de ne pas tirer sur cet adolescent mort de trouille et reçoit la balle qui va l'estropier, la réponse à la question dramatique du film est : « Non, il ne réussira pas à atteindre son objectif : être noble et riche. »

23 Ryan O'Neal dans *Barry Lyndon* de Stanley Kubrick (1975), scénario de Stanley Kubrick d'après *Mémoires de Barry Lyndon* de William Makepeace Thackeray. Malgré toutes ses qualités narratives et visuelles (tous les intérieurs sont éclairés à la bougie, le travail de reconstitution a nécessité un an de préparation, le tournage prendra trois cents jours), le film, bien qu'oscarisé, sera un échec commercial.

Les autres nœuds dramatiques

La crise

On l'appelle aussi le point de non-retour. Elle est ce point de rupture qui entraîne le protagoniste dans une impossibilité de revenir en arrière. Il est généralement situé dans la deuxième partie de l'acte 2. Par exemple, dans le film *Thelma et Louise* de Ridley Scott (1991), la crise est le moment où les deux femmes décident de faire un bracage pour répondre à leur besoin urgent d'argent, alors qu'elles sont déjà accusées de meurtre et activement recherchées par la police. Après cela, elles seront considérées comme dangereuses et la police n'hésitera pas à tirer en premier. C'est le point de non-retour, le point culminant de la crise : elles vont maintenant vers une mort inéluctable, elles ne peuvent plus revenir en arrière.

24 Geena Davis et Susan Sarandon dans *Thelma et Louise* de Ridley Scott (1991), scénario de Callie Khouri. Le script a reçu l'Oscar du meilleur scénario original en 1991. La scénariste a détourné le genre en offrant à deux femmes des rôles jusque-là réservés aux hommes. «Je voulais écrire quelque chose qui n'avait jamais été porté au cinéma auparavant, nous dit-elle. En tant que cinéphile, j'ai été nourrie du rôle passif des femmes. Elles ne conduisaient jamais l'histoire parce qu'elles ne conduisaient jamais la voiture.»

La crise fait basculer définitivement l'action vers sa résolution. À partir de ce point, les choses ne sont plus comme avant. Le héros, déchiré, acculé, tiraillé entre des forces opposées, est obligé de faire un choix qui va mettre le feu aux poudres. Dans toutes les grandes tragédies, c'est ce dilemme qui est le point de crise.

La crise est annoncée dans le premier acte, se développe dans le deuxième et se résout dans le troisième. Elle atteint généralement son paroxysme vers la fin du deuxième acte, juste avant le climax. Tout ce que nous mettons en place dans un scénario est fonction de cette crise, qui aboutit inévitablement à une confrontation entre les deux entités qui s'opposent. Elle est incontournable. Comme pour les autres éléments d'un film, la crise majeure se complète de crises mineures qui convergent vers elle.

Un exemple simple pour bien comprendre :

Un cow-boy compte sur ses employés pour défendre son troupeau de vaches contre les Indiens qui menacent d'attaquer à l'aube. À son réveil, il découvre que ses employés ont tous pris la fuite. Ce moment du scénario est la crise. Notre cow-boy doit prendre une décision : soit fuir pour sauver sa vie, soit affronter seul les Indiens pour défendre son moyen d'existence. Bien sûr, il choisit de se battre. Suit immanquablement la scène de confrontation (le climax) avec les Indiens.

Une astuce de scénariste est de nourrir cette crise avec le maximum d'obstacles pour repousser le plus longtemps possible son dénouement et pouvoir profiter pleinement de sa force dramatique.

La chute

Lorsqu'un film se termine sur un coup de théâtre, on parle de «chute». Un procédé qui est largement utilisé dans les courts-métrages. La chute n'a plus d'incidence sur le cours de l'action, c'est une révélation finale, un dernier coup de théâtre, et comme telle, elle doit être préparée. Le film *Usual Suspects* de Bryan Singer (1995) fournit un bel exemple de chute :

À la toute fin du film, l'inspecteur de police qui a mené l'interrogatoire découvre trop tard que tout ce que le suspect vient de lui raconter est monté de toutes pièces à partir d'éléments qui se trouvent dans son bureau. Son problème, c'est qu'il l'a laissé partir.

25 Kevin Spacey, Gabriel Byrne, Benicio del Toro, Stephen Balwin, Kevin Pollak dans *Usual Suspects* de Bryan Singer (1995), scénario de Christopher McQuarrie.

LES SCÈNES OBLIGATOIRES

Elles sont souvent des charnières, c'est pourquoi nous nous devons d'en parler ici. On en distingue deux types : celle que l'on doit trouver dans toute histoire – souvent le climax du film, *la scène de confrontation*; et celle imposée par le procédé de l'ironie dramatique, *la scène de révélation.*

La scène de confrontation

Chaque film développe une situation de conflit qui arrive à une crise suivie d'une scène de confrontation atteignant un climax. Cette scène ou les deux puissances opposées se font face pour s'affronter est obligatoire dans tout récit. Après elle, les buts sont atteints, les deux propositions sont résolues, la question dramatique aussi : on peut envoyer le mot fin.

Beaucoup de scénaristes américains vous diront que la scène de confrontation est la plus importante du film, celle pour laquelle les gens sont venus et qu'il ne faut surtout pas rater. Si elle est à la hauteur, le public vous pardonnera d'autres faiblesses.

Remarque. On peut avoir plusieurs scènes de confrontation lorsque les personnages racontent chacun leur histoire. Ces scènes racontent alors à peu près la même chose, mais d'un point de vue différent.

Les scènes de révélation

Si votre narration repose sur des effets d'ironie dramatique (de *suspense*), c'est-à-dire sur des informations que le spectateur connaît mais pas le protagoniste, cela implique aussi des scènes *obligâtoires* : des scènes de révélation au cours desquelles le héros prend connaissance de ces informations.

Par exemple :

Le personnage ne sait pas que sa femme le trompe.
***Scène obligatoire** : celle où il le découvre.*

Sa femme ne sait pas qu'il est au courant.
***Scène obligatoire** : celle où elle le découvre.*

Naturellement, ces scènes de révélation sont souvent des charnières dramatiques. Lorsque le protagoniste apprend que sa femme le trompe, cette scène peut être indifféremment le déclencheur de l'histoire, la scène centrale qui relance l'action ou le climax du film.

Remarque. Il y a autant de scènes de révélation que d'ironie dramatique, et c'est valable pour les autres personnages, surtout pour l'antagoniste (mais nous y reviendrons plus tard).

Inventer une structure pour raconter une histoire, c'est réinventer cette histoire.

Chapitre **6**

Les modèles structurels

La structure est un élément essentiel du scénario, qui doit avant toute chose servir le sens du récit : un film dont le thème serait la nostalgie serait mieux servi par une structure du type *flash-back* ou *feed-back*, plutôt que linéaire. Le travail du scénariste consiste donc à trouver la structure qui exprime le mieux le thème de son histoire, le summum étant de l'inventer. Pour l'instant, nous avons principalement évoqué la structure linéaire, mais il en existe d'autres, qu'on appelle les « modèles structurels ».

Les différents types de structure

Structure classique

Dans une structure classique, dite aussi « linéaire », le temps de la fiction épouse le temps chronologique. L'exposition occupe le premier quart du scénario, le nouement la moitié et la résolution le quart restant. On y trouve les deux charnières dramatiques (déclencheur et climax) et optionnellement la scène centrale.

Cette structure est la plus utilisée depuis que l'art narratif existe. Elle est incontournable lors de la construction d'une histoire car elle permet d'organiser facilement le récit et sa progression dramatique. Il est très facile ensuite d'imaginer de nouvelles structures à partir de celle-ci, mais elles devront toujours être lisibles et justifiée par la narration.

Astuce. Pour dynamiser cette vieille dame qu'est la structure classique, une technique consiste à jouer avec l'objectif du personnage à la fin du deuxième acte : le héros obtient (ou pas) ce qu'il est venu chercher, mais cela ne correspond pas du tout à ce qu'il imaginait. On finit donc cet acte sur un coup de théâtre.

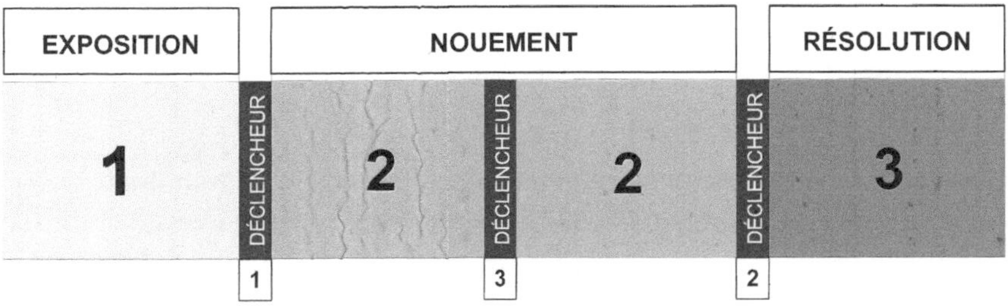

26 Structure classique.

27 Akira Terao dans *Après la pluie* de Takashi Koizumi (1999), scénario d'Akira Kurosawa. Un petit chef-d'œuvre qui nous touche par la simplicité de son histoire, la pureté de sa narration : sa parfaite linéarité.

Pour des raisons d'efficacité commerciale et de rendement industriel, Hollywood a défini un standard du récit classique selon lequel un film d'une heure trente doit compter neuf séquences d'environ dix minutes, composées chacune de trois scènes de trois minutes contenant dix à trente plans selon que la scène est descriptive, narrative ou psychologique.

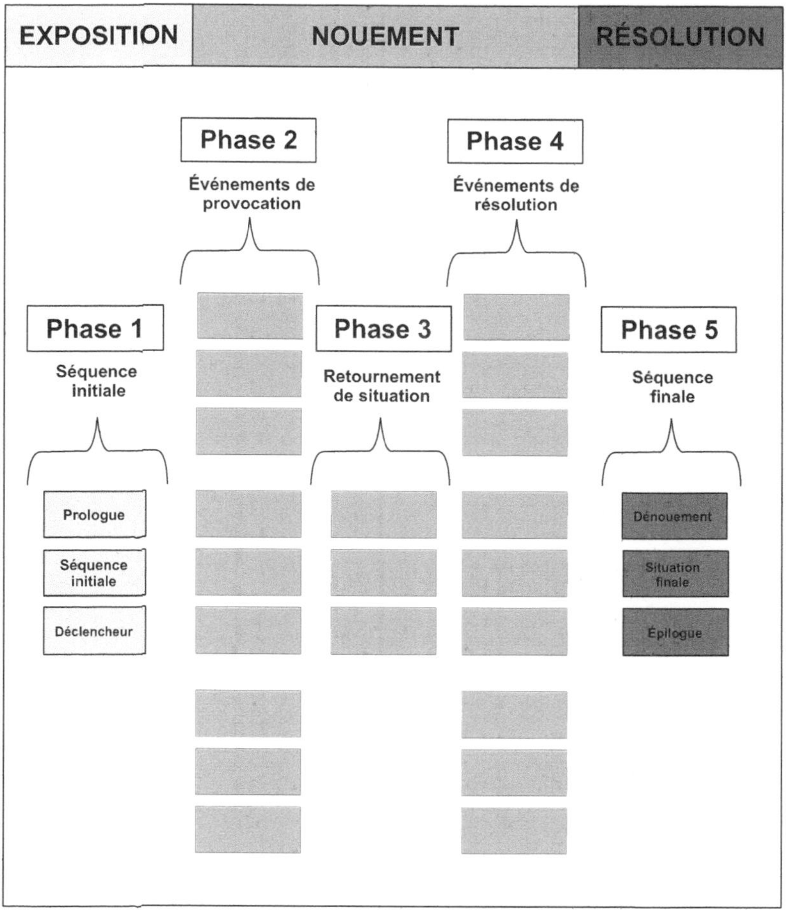

28 Schéma du récit classique américain.

Dans ce schéma, la séquence d'ouverture (l'exposition) compte trois scènes : le prologue (état non perturbé), celle de la situation initiale (un événement survient, un élément perturbateur) et celle du déclencheur (incident, problème, faute, changement de fortune) qui déclenche la réaction de désir ou de répulsion, en tous les cas une volonté. On entre alors dans le nœud de l'histoire avec trois séquences (de trois scènes chacune) durant lesquelles le protagoniste apprend des obstacles pour acquérir le savoir et les compétences. On les appelle les péripéties de provocation. Arrive la troisième phase d'une séquence de trois scènes : le retournement de situation, la prise de conscience, que nous avons nommée la scène centrale (ou troisième charnière dramatique). Elle nous amène à la quatrième phase (la deuxième partie du nœud), le protagoniste surmonte les obstacles grâce à son nouveau savoir, ses nouvelles compétences : trois séquences de trois scènes appelées les péripéties de résolution. Le schéma se clôture avec la cinquième phase (la résolution), une séquence de trois scènes qui présentent les trois premières scènes à l'envers : la scène de dénouement (tout se décide), celle de la situation finale (le protagoniste règle le problème) et l'épilogue (tout revient à l'équilibre, à un état non perturbé). La situation initiale, la scène centrale et la situation finale restent les mêmes tandis que l'on peut multiplier ou réduire les péripéties de provocation et de résolution à volonté, selon que l'on se trouve dans un film d'une heure trente, de trois heures ou une série de huit heures.

Structures de l'exposition différée

Nous avons vu dans un chapitre précédent que l'exposition différée est un procédé qui permet une dramatisation accrue des événements en retenant de l'information. On l'utilise aussi parfois au montage (où on l'appelle l'exposition lente) pour dynamiser un film, car elle met de l'action qui nous intrigue et retient notre attention. Différentes structures de ce type peuvent être adoptées.

Exemple 1

Dans le premier exemple, les scènes d'exposition alternent avec les scènes d'action : cette structure permet de faire passer une longue exposition sans ennuyer le spectateur.

29 Structure de l'exposition différée :
les scènes d'exposition alternent avec les scènes d'action.

Exemple 2

Ici, on commence par une scène d'action, puis d'exposition et ainsi de suite jusqu'à la résolution. Cette structure donne un récit non seulement plus fluide et plus dynamique, mais plus accrocheur.

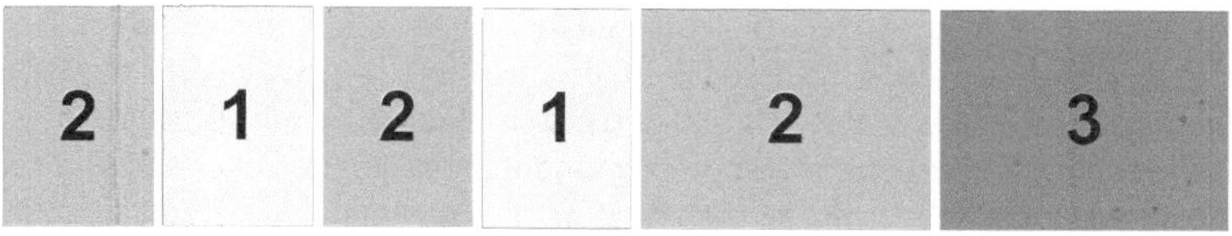

30 Structure de l'exposition différée : le film débute par une scène d'action.

Exemple 3

La structure du troisième exemple demande beaucoup de maîtrise car une grande partie des informations nécessaires à la compréhension de l'histoire ne seront données qu'à la fin de l'acte 2. Cette structure apporte beaucoup de mystère et joue sur l'attente du spectateur au risque de le perdre.

31 Structure de l'exposition différée tendue à son maximum.

32 Guy Pearce et Robert Pattinson dans *The Rover*, réalisation et scénario de David Michôd (2014). Le protagoniste traque trois criminels en fuite car ils ont volé sa voiture. Mais nous ne découvrirons l'enjeu (qu'est-ce qu'il perd s'il ne récupère pas sa voiture ?), les motivations (qu'est-ce qui le pousse à agir ?) et le réel objectif du personnage (enterrer son chien qui se trouve dans le coffre de sa voiture), qu'à la fin du deuxième acte. Dans une exposition classique, toutes ces informations essentielles nous auraient été communiquées au début du film.

Structure du film policier

Dans les films policiers, la structure de l'exposition différée est imposée par le genre puisque la première étape de l'histoire n'est révélée qu'à la fin : qui a tué et pourquoi ? Elle s'élabore généralement autour de la résolution qui parfois exige sa propre résolution comme le jugement final du tueur à la fin du procès. Les histoires policières s'organisent d'abord autour d'un crime : l'enquêteur découvre la victime et remonte les fils jusqu'aux possibles suspects, le but étant d'élucider les faits et arrêter le coupable. Les péripéties de l'enquête, les pistes, les fausses pistes alimentent une grande partie de la structure. L'information et les indices sont subtilement égrainés tout au long du récit et sont déterminés par la fin de l'enquête. Cette dernière suit un déroulement chronologique jusqu'à sa résolution. Cependant les faits qu'elle rapporte lui sont antérieurs : le crime a déjà eu lieu. Le récit consiste alors à remonter le temps vers l'explication et le dénouement. Dans ce sens, on peut aussi parler d'histoire double et imbriquée : l'histoire du crime d'un côté et l'histoire de l'enquête de l'autre.

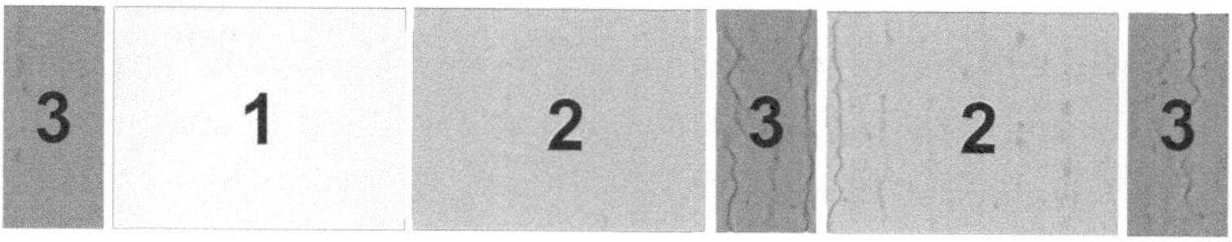

33 Structure du film policier.

34 Sean Connery et Christian Slater dans *Le Nom de la Rose* de Jean-Jacques Annaud (1986), scénario de Gérard Brach, Alain Godard, Andrew Birkin et Howard Franklin, d'après le roman éponyme d'Umberto Eco. En l'an 1327, dans une abbaye bénédictine, des moines disparaissent. L'enquête est menée par le moine franciscain Guillaume de Baskerville et son jeune assistant Adso von Melk.

Structures temporelles

Comme leur nom l'indique, ces structures jouent sur le temps : elles sont tournées vers le passé ou vers le futur.

Structure en flash-back

Dans une structure en *flash-back*, une partie du dénouement ouvre l'histoire sans en livrer la fin. Le récit prend la forme d'un retour en arrière pour nous faire comprendre chronologiquement les événements du passé qui ont conduit à ce dénouement. Il aurait été utilisé la première fois par l'auteur/réalisateur français Ferdinand Zecca pour son film *Histoire d'un crime* en 1901.

35 Structure en *flash-back*.

36 Jean Liézer dans *Histoire d'un crime* de Ferdinand Zecca (1901), également auteur du scénario.

Structure en feed-back

Le récit se déroule chronologiquement en incluant des retours en arrière ponctuels.

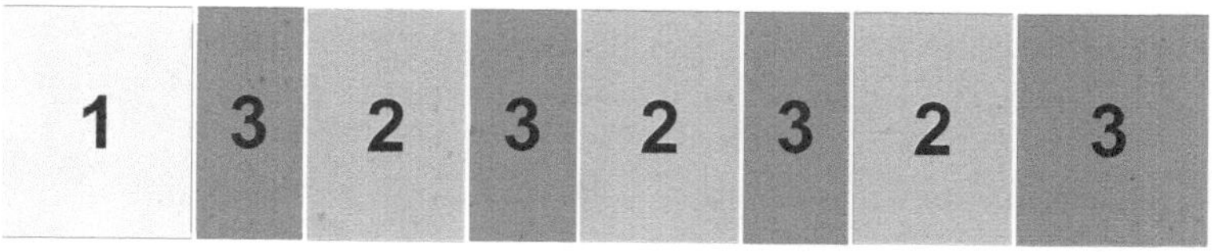

37 Structure en *feed-back*.

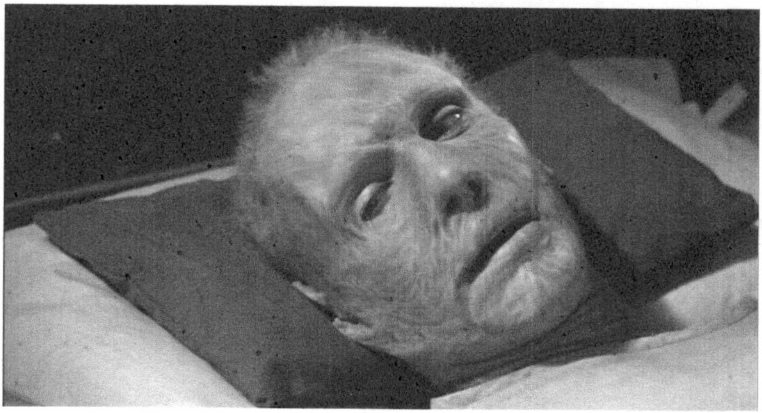

38 Ralph Fiennes dans *Le Patient anglais* d'Anthony Minghella (1996), scénario d'Anthony Minghella d'après le roman *L'Homme flambé* de Michael Ondaatje (Oscar du meilleur scénario en 1997). Un homme amnésique, gravement brûlé dans un accident d'avion, va se remémorer petit à petit son passé.

Structure en flash-forward

La première partie du récit nous montre une action ou un événement qui n'ont pas encore eu lieu (le plan d'un casse), la deuxième partie cette même action ou cet événement (le déroulement du casse). Évidemment, rien ne se passe pas comme prévu.

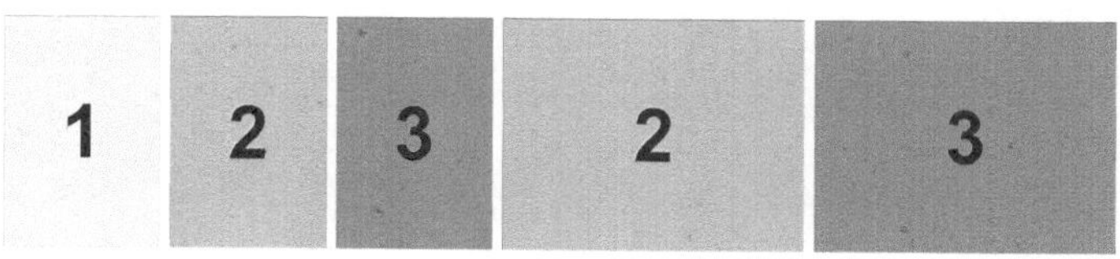

39 Structure en *flash-forward*.

40 Jared Leto dans *Mister Nobody*, écrit et réalisé par Jaco Van Dormael (2009). Le héros se projette dans le futur et raconte les différentes existences qu'il aurait pu vivre. Le film repose uniquement sur des *flash-backs* et des *flash-forwards*.

Structure inversée

Il s'agit d'une structure très particulière et très difficile à développer, car il faut que l'action avance alors que l'on connaît déjà la fin. Le film *Irréversible* de Gaspard Noé (2002) en est un exemple.

41 Structure inversée.

42 Albert Dupontel, Monica Bellucci, Vincent Cassel dans *Irréversible* de Gaspard Noé (2002), également auteur du scénario.

Structures imbriquées

Structure en alternance

La structure en alternance juxtapose des actions se déroulant simultanément jusqu'au dénouement. Elle a la grande qualité d'apporter du dynamisme à un récit qui raconte plusieurs intrigues. Il s'agit d'un type de structure que l'on retrouve souvent dans le film choral.

43 Structure en alternance.

44 Lili Taylor et Tim Robbins dans *Short Cuts* de Robert Altman (1993), un chassé-croisé de personnages aux prises avec leur destin.

Structure en parallèle

Dans une structure en parallèle, on présente simultanément deux ou plusieurs actions se déroulant à des moments différents.

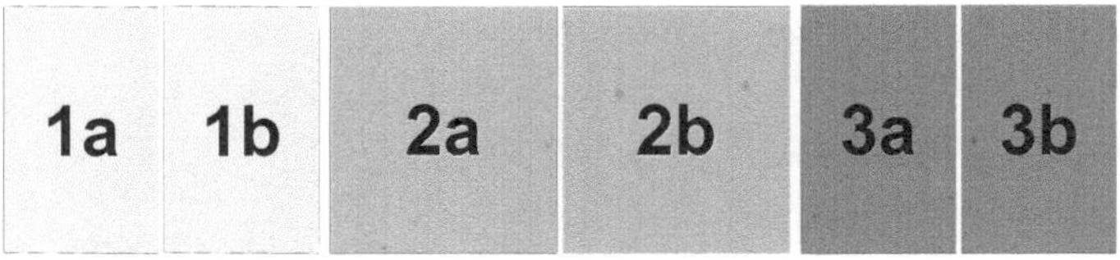

45 Structure en parallèle.

46 Robert De Niro dans *The Godfather, part II* de Francis Ford Coppola (1974). Nous suivons à quarante ans d'intervalle l'ascension de Vito Corleone et la chute de son fils Michael.

Structure par enchâssement

Cette structure aurait été inventée par l'écrivain et dramaturge Stefen Zweig (1881-1942) : une première histoire se greffe à l'intérieur d'une deuxième histoire, qui peut elle-même se greffer à une troisième histoire – parfois la première.

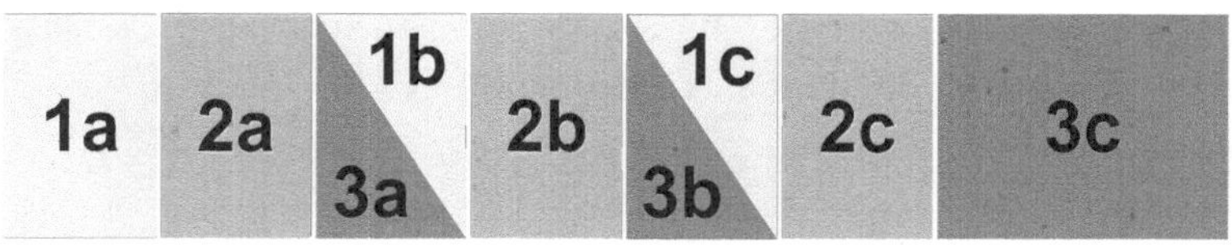

47 Structure par enchâssement.

Dans son film *A Touch of Sin* (2013), le réalisateur et scénariste Jia Zhangke enchâsse quatre histoires de façon originale : la première raconte le passage au meurtre de Dahai, mineur exaspéré par la corruption des dirigeants de son village. Pourtant ce récit s'ouvre sur Zhou San, un travailleur migrant, qui tue avec son revolver trois agresseurs. Il sera le protagoniste de la deuxième histoire durant laquelle il découvrira les infinies possibilités offertes par son arme à feu. Son histoire se terminera lorsqu'il quittera la région en bus, après un braquage. De ce même bus descendra Xiao Yu, hôtesse d'accueil dans un sauna et protagoniste de la troisième histoire. Elle sera poussée au meurtre par le harcèlement d'un riche client. Puis on enchaînera, sans ce procédé d'enchâssement, sur l'histoire de Xiao Hui qui passe d'un travail à un autre dans des conditions de plus en plus dégradantes et qui finira par se suicider. Enfin, on reviendra à Xiao Yu, la protagoniste de la troisième histoire, en train de passer un entretien d'embauche dans la société mise en cause dans la première histoire. Une façon de boucler la boucle en enchâssant la fin du film dans la première histoire. Outre ce procédé qui consiste à reprendre un personnage pour en faire le protagoniste de l'histoire suivante, les quatre récits développent le même thème : une société au développement économique brutal et gangrenée par la violence.

48 Jiang Wu dans *A Touch of Sin* écrit et réalisé par Jia Zhangke (2013). Le film reçut le prix du Scénario au festival de Cannes 2013.

Structure *Pulp Fiction*

Quentin Tarantino et son co-scénariste Roger Avary ont conçu pour le film *Pulp Fiction* (1994) une structure inédite. Le film est constitué de trois histoires racontées dans un ordre non chronologique, avec chacune un protagoniste différent. Elles sont reliées par une suite d'épisodes (qui ont leur début et leur fin et sont composés d'éléments qui font référence aux autres) pour ne former qu'une seule intrigue.

49 Structure de *Pulp Fiction*.

Comment choisir une structure ?

Nous pourrions encore évoquer des structures plus rares : la *structure par leitmotiv*, qui s'articule autour d'une scène qui revient périodiquement (la scène de pendaison dans *Il était une fois dans l'ouest* de Sergio Leone) ou *par interaction* : lorsque cette même scène revient à chaque fois sous une forme différente ; la *structure cyclique* : un certain nombre de situations se présentent à nouveau pour prendre un sens différent ; ou encore la *structure par mise en abîme* : le récit sert de métaphore à lui-même ; la *structure en sablier* : les deux parties du récit s'opposent point par point ; la *structure variable* : chaque séquence est la vision d'un protagoniste différent ; les structures par *entrelacements, en spirale, circulaires, en dents de scie, par convergence, en mosaïque, en miroir, en tiroir...*

Nombreuses sont les possibilités, mais attention à ne pas tomber dans le travers consistant à élaborer des structures narratives qui se révéleront plus intéressantes que l'histoire. Ce travail sur la structure narrative n'a qu'un seul objectif : raconter de façon la plus pertinente possible, et c'est seulement en ce sens qu'il faut la choisir ou la créer.

Revenons à notre histoire :

Depuis la mort de sa femme, Alex vit dans une grande douleur. Ce jour-là, il assiste au procès de son assassin. Sa fureur éclate à l'annonce de la sentence, seulement deux ans de prison. N'écoutant plus que sa haine, il décide de commettre un délit pour se faire emprisonner dans la même prison et faire justice lui-même, même s'il risque d'y finir ses jours.

Partons d'une structure linéaire (1, 2, 3) qui pose grossièrement la chronologie de notre histoire en suivant une progression dramatique. Dans l'exposition, nous devons présenter notre héros Alex, son avocate, Christine et enfin l'assassin de sa femme, que l'on appellera désormais Fabien. La situation conflictuelle est la suivante : Fabien a tué la femme d'Alex qui veut se venger. Nous devons fournir aux spectateurs toutes les informations nécessaires, tout en l'intéressant. Notre scène d'ouverture, le procès, reste quand même assez banale. On se sert de l'affrontement entre la défense et la partie civile pour présenter les personnages et la situation. Correct en soi, mais rien d'original, pas très accrocheur et ne provoquant pas d'émotion particulière.

En faisant le choix de l'exposition différée (2, 1, 2, 1, 3 par exemple), nous pouvons commencer par une scène d'ouverture puissante (le braquage d'Alex, délit qu'il commet pour être emprisonné), puis son arrestation jusqu'à son procès, son incarcération et la réalisation de sa vengeance. Nous cachons ainsi beaucoup d'informations au spectateur que nous dévoilerons tout au long du récit.

Ce choix amène du mystère et rend notre histoire plus passionnante. Certaines informations, qui n'avaient auparavant qu'une simple fonction informative ou de caractérisation, sont maintenant des coups de théâtre, des déclencheurs, des charnières dramatiques.

Juste pour l'exercice, nous pourrions imaginer :

Alex renonce à cause de Christine, tombe dans un piège tendu par Fabien et est mortellement blessé. Quand elle le retrouve, il succombe dans ses bras.

Ou encore, un revirement total, une chute :

À la toute fin, Christine découvre qu'Alex l'a manipulée pour se venger.

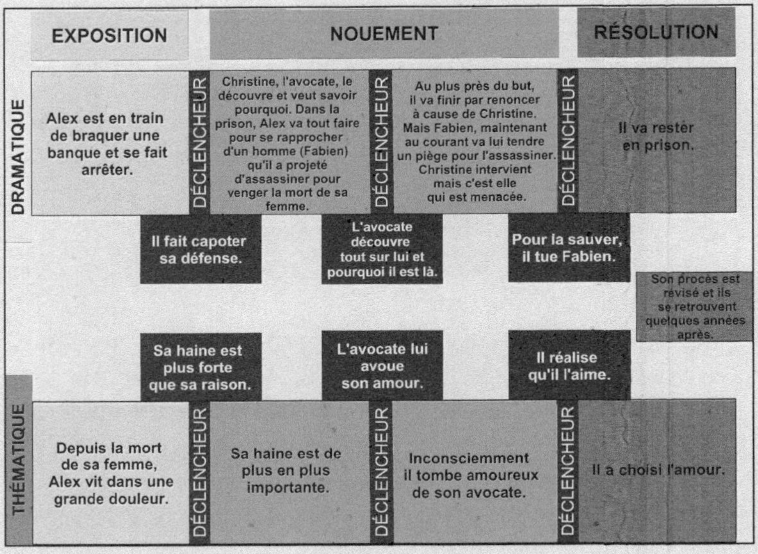

50 Structure en exposition différée.

Mais n'allons pas trop vite. Pour l'instant, le synopsis que nous avons développé est le suivant :

Alex est en train de braquer une banque et se fait arrêter, puis juger. Son avocate nommée d'office le défend si bien qu'il est à deux doigts d'être sauvé de la prison. Mais il fait capoter sa défense.

Alex est envoyé dans un pénitencier et se confronte à la vie carcérale. Christine, l'avocate, découvre qu'il a saboté le procès. Elle veut savoir pourquoi et commence à enquêter. En prison, Alex fait tout pour se rapprocher d'un homme (Fabien). Petit à petit, l'avocate découvre qui il est et pourquoi il est en prison : c'est un ancien illustrateur qui a pris une fausse identité pour pouvoir supprimer Fabien, l'assassin de sa femme. Pour le sauver, elle lui avoue son amour. Au plus près du but, Alex finit par renoncer. Mais Fabien, mis au courant, va lui tendre un piège. Christine l'apprend et veut intervenir, mais c'est elle qui se retrouve menacée et dans la même position que feu la femme d'Alex. Pour la sauver, Alex est obligé de tuer Fabien.

Il a choisi l'amour et va rester en prison. Mais son procès est révisé et ils se retrouvent quelques années plus tard.

En changeant le point d'attaque, qu'imposait le choix de l'exposition différée, nous avons restructuré toute notre histoire en modifiant les charnières dramatiques et les coups de théâtre.

Si nous introduisions la chute *Alex a manipulé Christine pour se venger*, elle imposerait des nouveaux éléments narratifs pour préparer son effet (ne pas donner l'impression qu'elle tombe du ciel). Le plus simple serait que Christine eut été l'avocate de Fabien lors de son procès et donc la première responsable de sa faible condamnation : seulement deux années de prison.

Nous aurions pu partir d'une autre scène, comme celle où Alex tombe dans le piège que lui tend Fabien. Ce choix imposerait une autre structure, peut-être en *flash-back* (3, 1, 2, 3) pour expliquer ce qui nous a amenés à cette situation.

Désormais, à cause de l'exposition différée, nous suivons le point de vue d'Alex et celui, secondaire, de Christine.

Rappelons que nous avons démarré avec seulement un thème : la vengeance. Cette méthode de travail nous a permis de trouver des éléments qui ont naturellement trouvé leur place dans la structure. Nous avons pu imaginer des scènes qui nourrissent notre intrigue et qui tombent naturellement l'une dans l'autre, tant au niveau dramatique que thématique.

Nous sommes arrivés rapidement à un stade où nous pouvons modifier la fin, en imaginer d'autres, avec une grande flexibilité, sans modifier le thème. Parmi ces idées, j'ai fait des choix pour avancer, mais vous pouvez faire les vôtres.

Vous comprenez maintenant qu'en suivant une méthode on devient vite imaginatif. On a un support solide sur lequel s'appuyer et qu'on peut ébranler à tout moment. C'est un procédé largement utilisé dans la communication, qui donne toujours un cadre très restrictif aux créatifs pour qu'ils soient précisément créatifs. Généralement, ils finissent par le faire éclater.

Mais continuons à nourrir notre histoire avec ce qui va lui donner chair : les personnages.

Chapitre 7

« Plus le méchant est réussi, plus le film est réussi. »
Alfred Hitchcock

Les personnages

Les histoires sont toujours simples. Ce sont les personnages qui leur donnent leur complexité. Et surtout le personnage principal qui porte et donne la direction de l'histoire. À tel point que raconter une même histoire d'un point de vue différent (celui d'un autre personnage) donne un récit et des émotions différentes.

Pourquoi une chose est-elle faite ? Nous l'avons vu, la réponse se trouve naturellement du côté de celui qui l'exécute. Tout nous ramène donc à la psychologie du personnage principal. Pourquoi agit-il ainsi ? Qu'est-ce que cela signifie pour lui ? Qu'est-ce qui se joue en lui ? Pourquoi cette transformation ?

Les personnages ne sont que ce qu'ils font

Ce vieil adage s'applique à la vie de tous les jours et est encore plus vrai en matière de scénario. Transformer en action un conflit interne est le propre de toute dramatisation. Il faut projeter au dehors tout ce qui se trouve au-dedans. Le théoricien américain Syd Field parle ainsi très justement de « l'intérieur du personnage » (tout ce qui le caractérise depuis sa naissance jusqu'au début de l'action) et de son « extérieur » (ce qui se révèle pendant l'action). Par exemple :

> *Un homme donne une pièce à un mendiant : cet homme est généreux, compatissant, il aime son prochain.*
>
> *Nous découvrons ensuite avec le mendiant que cette pièce est en chocolat : le donateur est un farceur ou encore un cynique. En deux actions, nous sommes passés d'un extrême à l'autre sans une once de dialogue. Deux caractérisations possibles.*

Qu'ils soient principaux ou secondaires, c'est donc par leur comportement que les personnages se révèlent au cinéma.

51 Anthony Perkins dans *Psychose* d'Alfred Hitchcock (1960), scénario de Joseph Stefano.

Faut-il créer l'action du film puis définir les personnages qui l'incarnent ou, au contraire, créer un personnage et définir l'action qui le révélera ? Peu importe, sachant que le personnage se définira toujours par ses actions. Avec beaucoup d'action, les personnages tendraient à devenir des marionnettes ; avec trop de psychologie, l'action se ralentirait et perdrait de son importance. L'idéal est donc d'imbriquer psychologie et action car l'une et l'autre sont interdépendantes.

Les différents types de personnages

Le protagoniste (ou personnage principal)

Rappelons-le : le personnage principal d'une histoire, celui que l'on nomme le protagoniste, est celui qui vit le plus de conflits. C'est d'ailleurs grâce à ces conflits que l'on s'identifie à lui, même s'il est antipathique.

C'est également le protagoniste qui porte la proposition thématique et la proposition dramatique du film ; c'est lui qui réagit à la perturbation et passe à l'action en visant un objectif réifié que des obstacles rendront difficiles à atteindre.

Dotez-le d'un caractère fort qui autorise les conflits et lui donne cohérence et consistance. Rendez-le surtout responsable, par son attitude ou ses actions, de ce qui lui arrive. Il est également toujours intéressant qu'il soit porteur d'un secret : un désir, un rêve, une tare, une fêlure, une faille... quelque chose qu'il refuse d'admettre ou de divulguer :

> *Il rêve de devenir un des hommes les plus admirés du monde. Son objectif est de devenir le plus grand acteur.*

Lorsque le secret du personnage est dévoilé, c'est toujours un moment puissant dans le scénario. Quant à la faille, la fêlure, elle permet d'enrichir le personnage et de le rendre plus humain : le personnage a peur de l'eau (*Les Dents de la mer* de Steven Spielberg, 1975), des gens (*Pour le pire et pour le meilleur* de James L. Brooks, 1997), de l'amour (*Les Liaisons dangereuses* de Stephen Frears, 1988)... Il aime trop l'alcool, les femmes, le jeu, le pouvoir, il a une faille physique (le talon d'Achille) ou encore il est trop prétentieux, ambitieux, naïf...

Remarque. Même si l'on raconte l'histoire d'un couple ou d'un groupe, il faut un seul personnage principal sans pour autant sacrifier les autres, bien au contraire. Tous devront aussi porter leurs propositions thématique et dramatique, avoir leur objectif, leur motivation, leurs obstacles, mais tout cela devra être subordonné au personnage principal.

Le protagoniste n'est pas forcément le héros de l'histoire. Un des meilleurs exemples est le film *Amadeus* de Milos Forman (1984). Mozart est le héros, mais c'est Salieri le protagoniste : il ouvre le récit, vit plus de conflits que quiconque et clôt l'histoire pour délivrer le sens du film. Ce choix est dangereux et demande une grande maîtrise, car il implique de traiter en deux personnages la fonction qui revient communément au seul personnage principal : être en même temps le héros et le protagoniste. De plus, au cours du film, Salieri oscille entre deux autres sphères : celles de l'antagoniste et de l'adjuvant. Les effets d'identification et les émotions qui l'accompagnent se diluent et perdent en force. Pour arriver à garder l'équilibre et l'intérêt du spectateur, il faut (tout comme le héros du film) être un virtuose de l'écriture !

52 F. Murray Abraham dans *Amadeus* de Milos Forman (1984), scénario de Peter Shaffer d'après sa pièce de théâtre. Le film a connu un succès mondial. Il a été nommé pour cinquante-trois prix, en a reçu quarante dont l'Oscar du meilleur film.

L'antagoniste

Après le protagoniste, le personnage le plus important est l'antagoniste. Il poursuit le même objectif que le protagoniste, ou l'objectif strictement opposé : c'est donc lui qui s'oppose au personnage principal et le fait avancer dans le récit, par réaction. Son rôle est essentiel dans la narration. C'est « l'opposant » dans l'ouvrage *Sémantique structurale* d'Algirdas Julien Greimas (Larousse, 1966).

Il y en a toujours un, voire plusieurs, et pour commencer le protagoniste lui-même (responsable de ses malheurs). Ce peut être un groupe, une catastrophe, un monstre, la société, une maladie... Tout ce qui peut perturber la vie du personnage principal et le mettre en danger.

Même si le spectateur s'identifie moins à lui parce que ses intentions sont négatives, il doit être aussi intelligent ou redoutable que le protagoniste. Il doit être séduisant, en tous les cas doté de compétences qui séduisent ou fascinent. Mais surtout, il doit avoir une bonne raison pour agir comme il le fait (il faut d'ailleurs toujours lui réserver une scène où il peut expliquer ses motivations). En outre, l'antagoniste ne change pas, sauf dans les comédies : plus il est obstiné, plus il est combatif, plus il représente un obstacle.

L'antagoniste peut n'être présent que durant une partie de l'histoire et devenir adjuvant durant l'autre partie. Il peut aussi être absent d'une histoire si celle-ci repose uniquement sur le conflit interne du personnage qui génère ses propres obstacles externes.

Les personnages secondaires

La première fonction d'un personnage secondaire est d'éclairer la personnalité de votre protagoniste (ou celle de votre antagoniste). C'est d'ailleurs généralement à cause de lui que le protagoniste change. Il occupe le plus souvent la sphère de l'adjuvant (l'ami, l'épouse, le parent, la maîtresse, le maître...).

Tout comme le personnage principal, il doit subir le même traitement : propositions dramatique et thématique, objectif, enjeu, obstacles, arc transformationnel..., et s'il y en a une, il peut être le protagoniste de l'histoire secondaire et avoir son propre opposant, ses adjuvants, etc.

Le personnage objet

Un auteur peut prêter une intention particulière à un objet (et même lui attribuer un caractère ou un but), afin de mettre en valeur sa thématique. Dans le *Salaire de la peur* de Henri-Georges Clouzot, le camion est traité comme un personnage, avec sa personnalité et ses faiblesses. La locomotive à vapeur dans *La Bête humaine* de Jean Renoir (1938) ou le semi-remorque dans *Duel* de Steven Spielberg (1971) sont considérés comme de véritables êtres vivants, dont la dimension est naturellement très symbolique.

Construire ses personnages

Les personnages bien dessinés doivent pouvoir se résumer en un mot : courageux, autoritaire, impétueux, laxiste, névrosé... Pour exister, un personnage, qu'il soit principal ou secondaire, a toujours besoin d'une motivation, d'actions et d'un but. Car c'est ce qui définit clairement qui il est, ce qu'il veut, pourquoi il le veut et quelles actions il est prêt à entreprendre pour atteindre son objectif. Si on ne sait pas pourquoi un personnage fait quelque chose, il est difficile de s'impliquer dans l'histoire : elle perd de sa dynamique et nous nous en désintéressons.

Plus vous vous adressez au grand public, plus vos personnages doivent correspondre aux stéréotypes et aux clichés. Ils doivent être identifiables au premier coup d'œil pour que le spectateur sache tout de suite à qui il a affaire.

Notons enfin que pour être intéressant et réaliste un bon personnage, aussi sympathique soit-il, doit aussi avoir sa zone d'ombre, ses défauts, ses traits de caractère agaçants. Personne n'est parfait dans la vie, pourquoi le serait-on au cinéma ?

La recherche d'approbation

Une théorie non dénuée d'intérêt affirme que dans toute histoire le personnage cherche toujours l'approbation de quelqu'un pour agir : sa mère, son père, son ami, sa femme, son idole, son maître, son public, son pays, le monde entier... L'approbation personnelle serait plus rare car elle exige une très forte personnalité, de celles que l'on trouve chez les antagonistes qui n'attendent l'approbation de personne et qui pensent sincèrement avoir les meilleures raisons d'agir comme ils le font. On en trouve un bon exemple dans *Batman* avec le personnage du Joker qui veut juste voir le monde à feu et à sang.

Les fonctions incontournables

Dans *Sémantique structurale*, Algirdas Julien Greimas définit les six fonctions dramatiques essentielles des personnages du récit. Des fonctions qu'il appelle « actants » et qui sont des sphères d'action. Dans ce schéma, les actants se positionnent en fonction du désir du protagoniste (ou sujet) dirigé vers un objectif réifié (ou objet), dans la droite ligne de la dramaturgie. Le modèle actanciel de Greimas met en relation six sphères d'action :

- le protagoniste (sujet) qui souhaite atteindre l'objectif;
- l'objectif (l'objet) ;
- l'adjuvant, qui aide le protagoniste dans la réalisation de ce désir ;
- l'antagoniste, qui tente d'empêcher qu'il se réalise ;
- Le destinateur, qui confie la mission au protagoniste (il est par ailleurs le garant du système de valeurs propre au récit : le juge dans une histoire policière, le parrain dans une histoire mafieuse, etc.) ;
- le destinataire, qui bénéficiera de l'objectif une fois ce dernier atteint.

L'intérêt de ce modèle est qu'un seul personnage peut englober plusieurs actants. Le destinateur peut être l'adjuvant avant de s'avérer être l'opposant. Le protagoniste peut être son propre opposant, puis son adjuvant, s'il change en bien pour obtenir son objectif. Il peut aussi être son destinateur si ce sont ses propres valeurs qui le poussent à agir. Si toutes les combinaisons sont possibles, certains schémas actanciels caractérisent des genres narratifs précis. Un auteur doit donc connaître parfaitement les fonctions des personnages type de la mécanique dramatique qu'il emploie.

La fonction dramatique de chacun de vos personnages doit être claire, surtout dans les intrigues chorales; si certains ont la même fonction dramatique, essayez de les rassembler en un seul pour éviter que le public ne se perde. Vous devez utiliser le nombre de personnages minimal nécessaire à votre mécanique dramatique, mais pas plus.

53 *Duel* de Steven Spielberg (1971), scénario de Richard Matheson.

Dans notre histoire :

- le protagoniste : Alex;
- son objectif : se venger;
- l'enjeu : vivre en paix avec lui-même;
- sa tâche : tout faire pour supprimer Fabien;
- sa motivation : la haine;
- l'adjuvant : Christine, qui va l'aider dans la réalisation de ce désir sans le vouloir;

– les antagonistes : Christine (qui veut empêcher Alex d'aller jusqu'au bout), Fabien (qui se défendra) et tous ceux qui travaillent pour le système carcéral.

Alex est aussi son propre antagoniste (personne d'autre ne le force à se mettre en danger), le destinateur (il se confie la mission à lui-même, le système de valeurs à l'œuvre ici étant la justice personnelle contre l'injustice officielle) et le destinataire (il est celui qui bénéficiera de l'atteinte de l'objectif).

Comment définir ses personnages ?

Plus on connaît ses personnages (jusqu'à leurs plus petites manies, leurs tics de langage, leurs secrets, leurs traumatismes...), plus ils auront de l'épaisseur et de la crédibilité. Sydney Field affirme qu'il faut connaître son personnage comme soi-même avant de coucher un mot sur le papier. Beaucoup pensent également que tout personnage doit être dessiné du point de vue physique, sociologique et psychologique, même si c'est rébarbatif à écrire et que tout n'est pas utilisé dans le récit. D'autres préfèrent construire plus rapidement un personnage en esquissant trois dimensions qui sont, elles, directement liées au récit :

- ses pensées : philosophie, valeurs morales, points de vue sur le monde qui le poussent à agir ;
- ses actions, en réaction aux obstacles rencontrés ;
- ses émotions (réactions émotionnelles et autres failles) qui l'empêchent d'atteindre son objectif.

À noter. Ainsi Linda Seger considère-t-elle dans *Comment écrire un scénario formidable ?* (Dixit) que : « La philosophie du personnage entraîne une attitude particulière face à la vie qui provoque des décisions qui impliquent des actions. Ces actions prennent racine dans la vie émotionnelle du personnage qui le prédispose à commettre certaines actions plus que d'autres, et qui le fera réagir d'une façon qui lui est propre aux actions des autres personnages. »

Il est conseillé de remplir des « fiches personnages » pour approfondir la connaissance de chacun d'eux. Chaque fiche devant porter les informations suivantes :

- nom et prénom du personnage ;
- ses propositions dramatique et thématique ;

- sa physionomie (genre, charisme, force physique, apparence physique, marques et cicatrices, voix, style vestimentaire...) ;
- sa sociologie (date et lieu de naissance, vie familiale, profession, éducation, racines ethniques, croyances religieuses, hobbies, statut social, opinions politiques, réseaux sociaux...) ;
- sa psychologie (peurs, complexes, valeurs, superstitions, ambitions, secrets, tempérament, attitude, philosophie, imagination, addictions, troubles de la personnalité, habitudes, inhibitions, morale...).

Faire évoluer ses personnages

Est-ce nécessaire ?

La réponse à cette question est évidente : une histoire sans conséquence humaine est sans intérêt. Si aucun personnage n'apprend quelque chose sur lui-même ou ne se transforme, cela laisse une sensation de vide. *So what ?* a-t-on envie de dire à l'auteur. Toute histoire digne de ce nom est un récit de formation, d'initiation, de conversion. Le personnage qui apprend quelque chose se transforme, et le spectateur avec lui. Il est donc très important qu'un personnage se révèle à lui-même, s'éveille et s'affirme : le trouillard devient courageux, le jeune homme se transforme en homme, le triste en joyeux.

Remarque. Que votre héros change en bien ou en mal, ce n'est pas l'important : ce qui compte, c'est qu'il change – sachant que le plus grand changement dans la vie d'un être humain est la mort.

Un personnage ne décide pas de changer tout seul. Il faut qu'il se passe quelque chose. Les motivations du changement viennent généralement de l'extérieur, d'un autre personnage par exemple, et il faut que ce changement corresponde à la faille du protagoniste. Dans le film *Unforgiven* de Clint Eastwood, William Munny, le personnage principal, ancien tueur repenti et mauvais paysan, change en redevenant lui-même (c'est-à-dire un tueur capable d'abattre n'importe qui de sang-froid). Sa transformation s'opère lorsque son meilleur ami est torturé à mort par le shérif. C'est sa faille (ne pas être lui-même) qui se réveille. Ce film est d'ailleurs la meilleure démonstration du fait que l'on peut s'attacher et s'identifier à un personnage négatif pendant plus de deux heures et cela pour deux raisons : d'une part, le personnage vit beaucoup de conflits. Vieux et fatigué, il n'arrive plus à monter à cheval sans tomber. Il est seul car il a perdu sa femme. Il va successivement se faire rudoyer et humilier par le shérif, tomber malade et friser la mort, fuir en essuyant des tirs, pour finalement affronter seul ses ennemis. À travers ces conflits, nous vivons une large gamme d'émotions : la pitié, la crainte, la colère, le dégoût, la peur, la joie... Nous vibrons, nous ressentons, nous nous identifions à lui ; d'autre part, bien que le personnage prenne la voie du mal, le scénariste a su lui insuffler des caractéristiques positives : c'est un repenti qui aime ses enfants et qui respecte les femmes (y compris les prostituées). Loyal, lucide, sincère, fidèle et courageux : pour venger la mort de son ami, il ne va pas hésiter un instant à affronter seul le shérif et ses adjoints.

54 Morgan Freeman et Clint Eastwood dans *Unforgiven* de Clint Eastwood, scénario de David Webb Peoples (1992). Ce film a été un succès commercial et critique considérable primé aux Oscars l'année de sa sortie : meilleur film et meilleur réalisateur.

Montrer un changement psychologique

Le procédé le plus puissant pour montrer le changement psychologique d'un personnage consiste à modifier la raison qui le motive à atteindre son objectif. Par exemple :

> *Il n'attaque plus le château pour reprendre le pouvoir, mais pour sauver la femme dont il est tombé amoureux.*

Ici, le personnage est devant un dilemme : il doit choisir entre l'amour et le pouvoir. Son choix déterminera son changement. Il pourrait choisir le pouvoir et laisser mourir celle qu'il aime, mais il n'y aurait alors pas de changement – à moins que l'on ait fait dire à ce personnage tout au long du film qu'entre le pouvoir et l'amour, il choisirait l'amour. C'est le schéma narratif de presque toutes les grosses productions hollywoodiennes, l'autre étant le parcours du héros, le parcours initiatique.

Remarque. Les seules transformations déconseillées sont celles qui surviennent à l'improviste. Une transformation qui n'a pas été prise en compte dès l'élaboration du scénario, et qui n'est donc pas traitée, n'est pas crédible et ne trompe personne : elle n'arrive que par pure commodité pour le scénariste. Vos personnages doivent faire des choix qui leur ressemblent et qui sont justifiés.

Un autre procédé souvent utilisé pour faire ressentir au spectateur tout le chemin que le personnage a parcouru est de revenir à un élément exposé au début de l'histoire : une situation, un personnage, une manie, un lieu...

Deux types de transformation sont possibles :

- La structure en X : deux personnages s'opposent mais finissent par prendre la place l'un de l'autre : leurs positions se croisent :

  Un personnage est pour la guerre, l'autre s'y oppose. À la fin de l'histoire, leur position s'est inversée.

- La structure en Y : deux personnages s'opposent et finissent par prendre la même direction :

  Un personnage est pour le mariage, l'autre pour le célibat : ils finissent par vivre sous le même toit.

À noter. En règle générale, plus vous placez votre personnage loin du point où vous voulez le faire arriver, plus c'est intéressant et efficace. Les obstacles sont plus nombreux et sa transformation plus éclatante. La force d'un arc transformationnel se définit toujours par rapport à la distance parcourue par le personnage.

Créer des personnages

Personnages féminins

En 1914 déjà Georges Polti, dans son livre *L'Art d'inventer les personnages*, écrivait que tous les personnages masculins avaient été traités. En revanche, prenez un personnage masculin et faites-en un personnage féminin : vous obtiendrez un nouveau personnage.

Georges Polti affirmait également que le monde de demain serait le monde des femmes. Force est de le constater en fiction comme dans la réalité. En effet, il n'y a pas si longtemps, et à quelques rares exceptions près, les personnages féminins n'étaient présents que pour l'amourette et le sexe. Aujourd'hui, de plus en plus de personnages féminins sont les protagonistes des histoires portées à l'écran. Les femmes vivent dans les fictions les mêmes problématiques que les hommes, tout en faisant face à celles qui leur incombent depuis des siècles : mettre des enfants au monde, les élever, gérer le foyer et le budget familial, etc. Non seulement les personnages féminins sont des personnages nouveaux, mais cette situation les rend plus riches et plus complexes. Exemple :

Une femme veut réussir en politique.

Ce personnage doit doublement se battre, doublement vivre du conflit : d'abord en tant que femme dans un monde supposé encore tenu par les hommes, puis en tant que personnage politique qui doit franchir tous les obstacles pour réussir. L'histoire devient alors plus palpitante, sa réussite plus éclatante (voir l'histoire de Margaret Thatcher, *La Dame de fer* de Phyllida Lloyd, scénario d'Abi Morgan, 2011).

À noter. À la question qui a embarrassé plus d'un scénariste, « comment traiter un personnage féminin ? », la réponse est simple : de la même façon que l'on traite un personnage masculin, sans faire dramatiquement de différence.

Dans notre histoire, faisons de notre protagoniste un personnage féminin : Alex serait Alexia. De même, Christine serait Christian et Fabien serait Fabienne. De mémoire, je n'ai pas encore vu de film qui exploite ce type de situation en mettant en scène un personnage féminin.

Notre récit gagnerait donc en originalité. En ne changeant pas le genre de l'avocate, l'histoire d'amour (cette fois entre Alexia et Christine) gagnerait aussi en force et en intensité car les obstacles seraient plus nombreux.

55 Meryl Streep dans *La Dame de fer* de Phyllida Lloyd (2011), scénario d'Abi Morgan.

Méthode hitchcockienne

Pour le maître du *suspense*, il faut partir d'un cliché et le détourner. Par exemple :

> *Un pompier est fait pour éteindre les incendies. Montrez-le en train de mettre le feu à une forêt.*
>
> *Un croque-mort est fait pour enterrer les morts. Montrez-le en train d'aider les femmes à accoucher.*

Par ce retournement de sens, vous en induisez un autre : vous inventez un nouveau personnage.

Astuce. Ce procédé est aussi applicable lorsque vous trouvez une scène de votre scénario banale, attendue. Retournez-la pour faire exactement l'inverse, et vous aurez souvent une bonne surprise.

Poursuivons avec la méthode hitchcockienne : Alex est un ancien dessinateur qui va devenir un meurtrier. Rien de percutant et certainement déjà vu. Mais si Alex était un ancien pasteur, connu pour sa seconde passion : réaliser des bandes dessinées, nous aurions là un personnage plus original et plus intéressant. De même, Christine, censée représenter la justice, pourrait soudoyer les juges lors des procès. Ou encore, le directeur de la prison serait aussi un poète.

Grâce à notre structure existante, il est très facile de voir les répercussions et les changements qu'il faudrait opérer sur toute la longueur pour faire fonctionner de telles modifications. C'est pourquoi, à ce stade, il faut continuer à élaborer des hypothèses qui remettent tout en cause, y compris la thèse.

À noter. Pour rendre vos personnages originaux, je vous recommande un livre édité chez Dixit : *Psychologie des personnages* de Howard M. Gluss et Scott Edward Smith : il tire du *Manuel diagnostique et statistique des troubles mentaux (DSM)* – la bible des thérapeutes du monde entier – huit types de troubles de la personnalité exploités et exploitables au cinéma.

« Qui nierait que le cinéma sonore nous a fait découvrir le silence ? Le silence est la plus belle conquête du parlant. »
Henri Jeanson

Chapitre 8

Les dialogues

Dans les pages qui suivent, nous allons explorer les fonctions que les dialogues doivent remplir, les techniques employées pour les rendre plus efficaces, et tout ce qui est conseillé ou « interdit » en la matière.

La place des dialogues dans un film

Beaucoup de gens confondent scénario et dialogues. Or le scénariste n'est pas un dialoguiste, mais un écrivain de cinéma. Les dialogues sont faits avant tout pour le théâtre – et ce n'est pas péjoratif, c'est le support qui l'exige : en littérature je pense, au cinéma je montre et au théâtre je dis.

Le dialogue, un outil surestimé ?

Le dialogue ne peut être considéré comme un élément indépendant du film. Les meilleurs dialogues d'un film ne valent rien si ce dernier ne bénéficie pas de caractérisation, de structure et surtout d'action. Le dialogue ne peut pas porter le récit, il ne peut que suppléer l'image.

C'est en France qu'on a nourri ce culte du dialoguiste avec des gens comme Michel Audiard, bien que ce soit aujourd'hui une idée qui disparaît. Si des chefs-d'œuvre du cinéma sont mal dialogués (les films parlants de Chaplin, par exemple), il n'existe pas de mauvais film sauvé par de bons dialogues.

L'écriture des dialogues est d'ailleurs la phase ultime du travail du scénariste qui doit d'abord raconter en images, en s'appuyant sur des personnages et leurs actions. Il ne faut recourir au dialogue que lorsqu'il est impossible de faire autrement. « Tout ce qui est dit au lieu d'être montré est perdu pour le spectateur », nous dit Alfred Hitchcock. Akira Kurosawa se forçait à écrire ses scénarios sans dialogues avant d'en ajouter. En revanche, si un dialogue en dit plus que trois scènes d'action, il ne faut pas hésiter.

56 Charles Aznavour, Lino Ventura et Maurice Biraud dans *Un taxi pour Tobrouk* de Denys de La Patellière (1961), scénario de Denys de La Patellière et René Havard, adapté du roman de ce dernier, dialogues de Michel Audiard.

57 Charles Chaplin et Mady Corell dans *Monsieur Verdoux* de Charles Chaplin (1947), scénario de Charles Chaplin, sur une idée d'Orson Welles d'après la biographie d'Henri Désiré Landru.

Un film se regarde plus qu'il ne s'écoute

Déjà en son temps, Diderot disait : « Nous parlons trop dans nos drames. » Au cinéma, le langage verbal est l'outil dramatique le moins efficace pour générer du sens, contrairement au langage visuel (actions, gestes, regards, expressions, décors, paysages...).

Remarque. Pourtant, s'il est possible de tout exprimer sans prononcer un seul mot, il est quasi impossible pour le spectateur de se passer des dialogues. Même dans les films muets on les utilisait dans les intertitres. Il est vrai qu'il est tout à fait naturel de voir parler des humains entre eux, comme dans la vraie vie. Tous muets, ils « parleraient » avec les mains... sans doute par besoin vital de communiquer.

58 *Ran* d'Akira Kurosawa (1985), scénario d'Akira Kurosawa, Hideo Oguni et Masato Ide, d'après la pièce *Le Roi Lear* de William Shakespeare. Dans ce film, la soif de pouvoir des protagonistes engendre des trahisons, des guerres, des meurtres et leur perte.

Deux principes fondamentaux des dialogues

Ne dites pas ce que le film montre

Un principe que l'on retrouve aussi dans la conception d'une affiche, une couverture de livre, dans toute expression qui utilise un visuel et un texte écrit ou dit, sinon c'est dire deux fois la même chose.

Exemple à ne pas suivre (rien de plus plat) :

Dialogue : je vais dans la cuisine.

Image : on suit le personnage jusqu'à la cuisine.

Exemple à suivre (ici, quelque chose se joue, on crée du sens) :

Dialogue : je vais dans la cuisine.

Image : on suit le personnage jusqu'aux toilettes.

Ne dites rien si vous montrez

C'est du même ordre, vous éviterez la redondance et l'affaiblissement de l'image.

Image : Un personnage se cogne le pied dans une grosse pierre et montre tous les signes de la douleur.

Dialogue : J'ai mal. Oh, comme j'ai mal.

De même, ne faites pas dire à un personnage « cette personne est mauvaise », montrez cette même personne faire quelque chose de mal.

Un dialogue doit apporter le maximum d'informations ou susciter le maximum d'émotion avec le minimum de mots. Exprimer les choses avec le moins de mots possible, c'est donc dire l'essentiel. Pour éviter d'en dire trop, les scénaristes américains disent dans leur jargon qu'il faut « dégraisser » les dialogues pour ne retenir que l'indispensable. Pour eux, une réplique est bonne ou mauvaise. Il n'y a pas d'autre choix.

> **Remarque.** Une erreur courante dans les dialogues de beaucoup de films : trop d'informations, de répétitions, dialogues trop longs, trop littéraires, pas assez de variations et de caractérisation.

59 Pierre Jolivet dans *Le Dernier Combat* de Luc Besson (1983), scénario de Pierre Jolivet et Luc Besson. Un film sans dialogues.

Caractéristiques des dialogues

Forme et contenu

Le *contenu* d'un dialogue (ce qui est dit) compte autant que sa *forme* (la façon dont c'est dit : douceur, ironie, colère, sarcasme...). La forme relève de l'activité et non des mots employés; ce n'est donc pas seulement ce qui est dit qui caractérise un personnage, mais la façon dont il le dit. Le ton emprunté révèle toujours l'intériorité du personnage au spectateur, surtout s'il suggère l'opposé de ce qu'il dit :

« Je me sens bien ici ! » dit-il sur le ton de l'ennui.

La façon de parler renseigne également le spectateur sur le statut du personnage : un paysan doit parler comme un paysan, un prince comme un prince, sauf si c'est voulu :

Un tueur en série qui sourit et parle avec douceur sera toujours plus inquiétant.

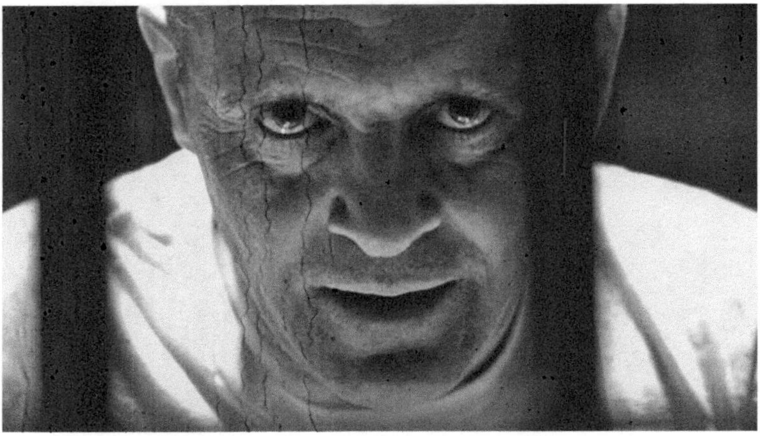

60 Anthony Hopkins dans *Le Silence des agneaux* de Jonathan Demme (1991), scénario de Ted Telly, d'après le roman de Thomas Harris. Le personnage Hannibal Lecter, tueur en série et cannibale, a assassiné quatorze personnes. Cet ancien psychiatre d'une intelligence redoutable participera largement au succès du film.

Les différentes fonctions du dialogue

Les dialogues ont trois fonctions bien distinctes qu'ils peuvent endosser indifféremment ou simultanément :

- la fonction d'information;
- la fonction de caractérisation;
- la fonction d'action et de dramatisation de l'action.

La fonction d'information

Un dialogue peut transmettre aux spectateurs des informations qui servent l'action :

> *Un personnage creuse un trou dans son jardin. Son voisin lui demande ce qu'il fait. Il répond que c'est pour sa femme.*

La fonction de caractérisation

Dans leur contenu (à travers notamment le vocabulaire et la syntaxe employés) et leur forme, les dialogues caractérisent un personnage : son caractère, son appartenance sociale, son humeur, ses émotions… jusqu'à son rôle dans la scène.

Astuce. Pour savoir si vos dialogues caractérisent bien vos personnages, cachez leur nom et tentez de trouver qui parle en lisant les répliques.

Plus globalement, les dialogues permettent de caractériser tout un film :
- ils sont représentatifs d'une époque, d'un milieu, d'une culture spécifiques ;
- ils sont une des composantes du genre auquel le film fait référence (on ne parle pas dans un film de gangsters comme dans un film de science-fiction).

La fonction d'action et de dramatisation de l'action

Les dialogues doivent jaillir de la situation et révéler les relations entre les personnages. Ils doivent aussi être dramatisés pour participer à la progression et la tension de la scène et du film dans son ensemble. Rappelons cependant qu'ils ne remplacent pas le langage visuel, qui informe, caractérise et dramatise avec beaucoup plus de force.

> *Mieux vaut-il voir une femme pleurer ou l'entendre nous dire qu'elle a pleuré toute la nuit ?*

À noter. Dans les films d'auteur, l'accent est plutôt mis sur la caractérisation des personnages et leur relation, au détriment de l'information et de la dramatisation.

ÉCRIRE DES DIALOGUES

De bons dialogues, surtout dans le modèle classique, sont ceux qui s'intègrent harmonieusement dans l'action tout en remplissant leur fonction de caractérisation, d'information, d'action et de dramatisation. En tant que scénariste, nous disposons d'un éventail de procédés et de techniques qui ont fait leurs preuves. Ils vous permettront de rendre vos répliques vivantes, variées, rythmées, pertinentes.

Des dialogues « naturels »

Dans un film, le dialogue est plus élaboré que dans la vie car il doit remplir plusieurs fonctions. C'est ce caractère fonctionnel qui l'éloigne de la conversation pour se rapprocher des modèles issus du roman ou du théâtre. Même prétendument réaliste, il reste un artifice. Dans la vie on hésite, on cherche ses mots, on se répète, on bafouille, on a des trous et on ne dit pas toujours ce que l'on pense. La nouveauté au cinéma pourrait être d'ailleurs d'aller toujours plus loin dans le réalisme des dialogues.

61 Alexandra London et Jacques Dutronc dans *Van Gogh* de Maurice Pialat (1991), scénario de Maurice Pialat. Un film à la croisée du naturalisme et de l'impressionnisme.

Remarque. N'oubliez jamais qu'un dialogue est fait pour être dit et non pour être lu. Il faut donc le lire, ou le faire lire par quelqu'un à haute voix.

Des dialogues vivants et percutants

Différentes techniques permettent d'obtenir ces deux qualités :

- Alternance de répliques brèves et de répliques plus longues pour créer du rythme.
- Enchaînement des répliques à partir de la reprise d'un mot ou d'une phrase.
- Reprise et retournement d'une phrase ou d'une idée.
- Agencement selon le modèle ternaire (prémices, développement, chute).
- Utilisation du non-dit qui l'emporte généralement sur la parole, comme l'inconscient sur le conscient. Par exemple :

Un père surprend ses fils en train de se battre et leur dit « Ce n'est pas bien de se battre entre frères ! » Puis il met une raclée à chacun d'eux.

- Utilisation du conflit et de la contre-action pour les rendre plus intéressants.

62 Leonardo DiCaprio dans *The Revenant* d'Alejandro González Iñárritu (2015), scénario d'Alejandro González Iñárritu et Mark L. Smith, d'après le livre éponyme de Michael Punke. Un film, également sur le thème de la vengeance, qui démarre avec une scène très conflictuelle (l'attaque des Indiens) et nous présente efficacement tous les protagonistes en action.

Des dialogues dynamiques

Pour créer des effets de rythme et rendre vos dialogues dynamiques, il existe plusieurs procédés :

- questions/réponses (couramment utilisé mais attention, il devient vite systématique et hache les dialogues) ;
- affirmation/affirmation ;
- question/question ;
- accumulation ;
- progression ;
- interruptions.

À savoir. Si vous voulez insister sur un mot, placez-le à la fin de la réplique. La phrase principale d'une réplique doit aussi se trouver à la fin de cette dernière, tout comme la réplique principale d'une scène doit se trouver à la fin de la scène.

Une autre technique consiste à jouer avec deux phénomènes intimement liés : un problème et son remède, une chose et son contraire, un mot et ses synonymes..., en confrontant leur champ lexical. Voici trois exemples.

Maladie/soin :

J'en ai pour combien de temps ?

– Deux ans si vous vous soignez.

– Et si ça empire ?

– On peut vous opérer.

– Quel pourcentage de succès ?

– 1 % qui peut vous guérir.

Amour/haine :

Si tu savais comme je l'aime.

– Je croyais que tu la haïssais !

– Oui, au début, mais j'ai appris à la connaître.

– La première impression est souvent la bonne.

– C'est toi qui la détestes.

– Tu te trompes. Je l'aime plus que toi.

Beau et ses synonymes :

Que c'est beau !

– Je dirais plaisant ou joli !

– C'est pareil !

– J'aurais pu dire parfait, merveilleux, sublime, admirable, exquis, splendide, superbe, magnifique, éblouissant, mais beau, non.

– Par contre, toi des fois, t'es vraiment pas beau.

Terminons avec une dernière technique très efficace qui consiste à ne pas laisser l'interlocuteur donner les bonnes réponses. Notre personnage lui pose des questions, mais il répond toujours à côté ou de façon évasive, ce qui oblige le questionneur à s'expliquer :

Vous la connaissez ?

– *Tout le monde la connaît ici.*

– *On m'a dit que vous pourriez me dire où elle habite.*

– *Ça, pour sûr, je lui apporte son pain chaque matin.*

– *Vous pouvez m'y conduire ?*

– *Mais je n'ai pas de voiture !*

– *C'est une façon de parler. Dîtes-moi seulement où elle habite.*

– *Oui, pour sûr, mais il me faudrait du papier, c'est assez compliqué.*

– ...

N'hésitez pas à faire appel à toutes ces techniques pour écrire vos dialogues. Elles vous aideront à leur donner une musique pleine de variations et de rythmes. En revanche, elles ne participeront qu'à leur forme car c'est le sens de votre histoire qui déterminera leur contenu, comme il a déterminé l'intrigue, les personnages et la structure. Il est facile de faire parler (ou faire taire) un personnage lorsque l'on sait exactement quel rôle il doit jouer, ce qu'il porte et ce qu'il doit faire passer. Les dialogues sont alors naturels et crédibles.

63 Min-Sik Choi dans *Ivre de femmes et de peinture* d'Im Kwon-taek (2002), scénario d'Im Kwon-taek et Kim Yong-Oak, d'après une histoire originale de Min Byung-Sam. Le film s'ouvre sur une scène de conflit qui caractérise tout de suite le personnage principal ; il est furieux et refuse de donner sa peinture à des « cochons de commanditaires ». En une scène l'insoumission du personnage est posée.

Remarque. L'argument pour différencier l'écrivain du scénariste serait que le premier fait naître les images de ses mots, tandis que le second décrit de la façon la plus neutre possible ce qu'il voit en images : les personnages, leurs actions, les décors, les sons, les costumes, la lumière, et surtout leur mise en scène. Il reproduirait une vision tandis que le romancier produirait cette vision. Pourtant de plus en plus de romans s'écrivent au présent, influence incontestable de la narration cinématographique qui leur impose le « il » du scénario et fait disparaître la présence de l'auteur derrière les personnages qui racontent l'histoire à sa place. Comme au cinéma, les événements se déroulent en même temps qu'ils sont écrits, le temps de la fiction se substituant au temps de la narration. Ces livres sont visuels, ils privilégient l'action et réduisent les descriptions à l'essentiel comme dans un scénario : le livre *Épouses et Concubines* de Su Tong, adapté dans l'excellent film éponyme de Zhang Yimou (1993), est un bon exemple de ce nouveau genre de littérature. À sa lecture – seulement cent vingt pages en format poche – on a la nette sensation d'avoir entre les mains un scénario. Non seulement le livre a connu un succès commercial et critique, devenant ainsi le fer de lance d'une nouvelle génération chinoise, mais le film a été un succès mondial, remportant le Lion d'argent à la Mostra de Venise en 1991. D'après d'anciens scénaristes américains devenus des auteurs de renom, ce « cinéma-littérature » ne ferait qu'émerger et offre aux scénaristes un bel avenir littéraire. Rien d'étonnant à cela ; les arts ont toujours pris volontiers chez leur voisin ce qui pouvait leur donner un nouveau souffle, et cet aller et retour entre littérature et cinéma existe depuis les premiers débuts du cinéma. Les scénaristes sont souvent des écrivains et les écrivains des scénaristes.

13 CONSEILS POUR RÉUSSIR SES DIALOGUES

1. Le plus important, c'est que vos dialogues soient toujours porteurs de sens, qu'ils caractérisent vos personnages dès qu'ils ouvrent la bouche, qu'on apprenne toujours quelque chose qui fait avancer l'action.
2. D'une manière générale, les dialogues doivent être courts, trois lignes maximum (cinq lorsque votre personnage développe une idée). S'il vous en faut plus, vous feriez mieux de montrer.

64 Gong Li dans *Épouses et concubines* de Zhang Yimou (1991), scénario de Ni Zhen, d'après le roman de Su Tong.

3. Le dialogue doit être synchrone avec la progression dramatique. S'il est en retard sur elle, on aura une longueur ; s'il est en avance, on aura une saute. Dans les deux cas, cela créera une perturbation.
4. Les personnages ne doivent pas tout se dire et pas toute la vérité. Un critique disait qu'on ne mentait pas assez au cinéma.
5. Lorsque tout est dit dans la scène, passez à la suivante. Il ne faut pas s'attarder au risque de voir ses dialogues tourner à vide.
6. Ayez toujours à l'esprit que ce qui paraît long sur le papier le paraît encore plus à l'écran.
7. Un silence entre deux personnages est aussi du dialogue et crée une situation souvent plus insoutenable. L'intériorité s'exprime mieux dans le silence et la rend plus profonde.
8. Un proverbe chinois dit que ce n'est pas celui qui écoute qui parle le moins. Celui qui écoute demande le même travail que celui qui parle ; on s'en rend compte rapidement au tournage lorsque le comédien qui écoute ne sait pas quoi faire de ses mains parce que ça n'a pas été pensé.
9. Pour parler, il faut avoir des choses à dire : si on n'est pas intéressant on ennuie le spectateur, comme dans la réalité. Mettez vos personnages dans des situations embarrassantes, pendus au-dessus du vide par exemple : tout ce qu'ils diront deviendra intéressant, même la conversation la plus banale.

10. Transformer la façon de parler d'un personnage participe à montrer sa transformation. Il utilise des mots qu'il a toujours refusé d'utiliser ou reprend une expression ou une blague qui prend à ce moment de son existence un tout autre sens.
11. Les mots d'auteur ne sont que des mots d'esprit. Ils ne font pas avancer l'action. Ils peuvent faire rire, sourire, choquer, mais seulement amener ce type d'émotion.
12. Ne laissez jamais l'un de vos personnages s'apitoyer, se vanter, expliquer de quoi il retourne dans le film, ou encore dire des choses qu'il sait depuis longtemps comme si c'était la première fois.
13. Si un personnage doit être mis au courant de ce que le spectateur sait déjà, un bon moyen d'éviter la répétition est de mettre ce dialogue dans un environnement bruyant, ou de les faire disparaître dans un lieu fermé, à l'abri des regards. L'important étant de communiquer au spectateur que ce personnage est mis au courant.

Pour résumer, le dialogue doit être clair, court, compréhensible, confortable pour les acteurs, paraître vivant, réaliste, faire avancer l'action, décrire le personnage et faire rire. Encore une fois, les règles sont faites pour être transgressées.

65 Haluk Bilginer dans *Winter Sleep* de Nuri Bilge Ceylan (2014), scénario de Nuri Bilge Ceylan et Ebru Ceylan, d'après des nouvelles d'Anton Tchekhov. Un modèle de dialogues ciselés, profonds et toujours justes. Palme d'or 2014.

N'hésitez pas à choisir un procédé même déconseillé, comme la voix off ou le commentaire, si c'est celui qui fonctionne le mieux.

66 Tom Courtenay dans *Billy le menteur de* John Schlesinger (1963), scénario de Willis Hall et Keith Waterhouse, d'après son roman *Billy Liar*. Le personnage principal, un jeune homme rêveur, ment tout le temps et à tout le monde.

L'outil le plus efficace pour juger du fonctionnement dramaturgique et visuel d'un scénario.

Le séquencier

Le séquencier est un document de quelques pages qui pose le scénario scène par scène avec parfois quelques bribes de dialogues. Il reste généralement une phase de travail qui, lorsqu'elle est validée, nous fait passer à celle de la continuité dialoguée. C'est donc une étape intermédiaire indispensable dans les pôles de scénaristes qui travaillent sur une série ou sur un film TV.

Il arrive que des producteurs, même pour un long-métrage, demandent à lire le séquencier avant le scénario, parce qu'il est moins long à lire et raconte normalement l'histoire aussi bien que la continuité dialoguée.

Le séquencier est une étape essentielle dans la construction d'un scénario, parce qu'il donne une vue d'ensemble rapide des scènes et des charnières dramatiques qui composent une histoire.

Attention. Ne confondez pas « scène » et « séquence », même si curieusement on dit bien « séquencier » pour désigner ce document qu'on appelle aussi, plus rarement et plus justement, « un scène à scène ». Une séquence se compose de plusieurs scènes qui présentent une certaine unité (même temps, même action) mais dont les lieux peuvent être différents. Les séquences sont des petits ensembles narratifs qui servent à la construction de l'histoire. Par exemple, dans le récit classique, une bonne exposition ne doit pas dépasser une séquence de trois scènes, *idem* pour la résolution.

Construire un séquencier

Pour établir un séquencier, vous devez avoir préalablement défini physiquement, socialement et psychologiquement tous vos personnages, ainsi que leur proposition thématique et dramatique.

Concrètement, le séquencier se présente sous la forme d'un tableau, dont chaque case représente une scène. Par un jeu de couleur, on y différencie les trois actes et toutes les charnières dramatiques : déclencheurs, scène centrale, crise, climax.

Le séquencier permet de vérifier si l'intrigue tient dans la longueur, c'est-à-dire si elle peut faire l'objet d'un film d'au moins 90 minutes. On y verra tout de suite les faiblesses, les digressions, les temps morts, les trous, les invraisemblances, les facilités et surtout ce qui manque pour que les scènes tombent l'une dans l'autre. On pourra, en bougeant des séquences entières, tester de nouvelles constructions, de nouvelles façons de gérer l'information. Cela relève vraiment du travail scénaristique.

Astuce. Prenez des post-it de couleurs différentes : prévoyez une couleur pour l'exposition, une autre pour le nœud, une autre encore pour la résolution et une dernière pour les charnières et déclencheurs. Écrivez une scène sur chaque post-it en suivant la structure que vous avez déjà en tête. Si vous n'en avez pas de précise, racontez linéairement. Il faut impérativement repérer les charnières et leur attribuer leur couleur. Un tableau identique à celui représenté dans les pages qui suivent, prendra forme sur votre table de travail.

Écrire les scènes du séquencier

Quelques règles s'imposent pour écrire les scènes qui composent votre séquencier :

- Chaque scène se passe dans un même lieu où les personnages sont pris dans la même action.
- Chaque scène doit être construite comme un mini-scénario avec une structure du type 1, 2, 3 (exposition, nœud, résolution).
- Chaque scène doit faire avancer le récit. Si ce n'est pas le cas, retravaillez-la ou supprimez-la. Il faut donc toujours se poser la question : « Quel est le rôle de cette scène ? »

- Chaque scène répond à la précédente et pose un élément nouveau, un nouveau but à atteindre.
- À chaque fois que vous écrivez une scène, demandez-vous si vous avez fourni assez d'informations permettant de répondre aux questions suivantes : où ? qui ? quoi ? pourquoi ? comment ?

Vous devrez résumer chacune des scènes à sa plus simple expression et ce n'est possible que si vous avez le but de chaque scène. Vous pourrez introduire des intentions de dialogues, mais seulement lorsque vous ne pourrez pas faire autrement. Efforcez-vous de respecter le patron classique qui définit le nombre de scènes à une trentaine : trois pour l'exposition, trois pour la résolution, le reste pour le nœud de l'histoire. Libre à vous d'en mettre plus, mais il faut garder ce même équilibre entre les trois actes.

Concernant notre histoire, nous avons assez d'éléments pour nous lancer dans notre « scène à scène » (voir les illustrations qui suivent). Si nous regardons ce premier jet d'un peu plus près, nous allons trouver beaucoup de facilités, de choses à régler, à trouver, à développer : *comment la femme d'Alex est-elle tuée et pourquoi ? Pourquoi l'assassin n'écope-t-il que de deux ans de prison ? Comment Alex fait-il capoter sa défense ? Comment réussit-il à changer d'identité ?*

Vous pouvez remplir vos cases autrement, développer votre propre histoire, mais il est indispensable que vous fassiez le même travail. Si nous optons pour la chute *L'avocate réalise qu'il l'a manipulée pour se venger*, il faudra préparer ce coup de théâtre final, l'*insérer* comme on dit (nous verrons ce procédé dans un chapitre suivant) pour qu'il ne tombe pas du ciel et soit du plus grand effet sur le spectateur, ce qu'on appelle le *paiement*. Mais adopter cette fin, c'est adopter une autre thèse, un autre sens. Elle change la révélation de notre histoire : ce n'était qu'une machination, il s'est vengé du meurtrier de sa femme, mais aussi de son avocate. En somme, une vengeance parfaitement orchestrée. La nouvelle thèse pourrait être : *la vengeance est souvent pire que le crime qui l'a engendrée*. Elle imposerait de retravailler notre intrigue, nos personnages et leur proposition pour parfaitement l'illustrer.

Je ne sais pas si vous êtes comme moi, mais je sens aussi que si l'on racontait cette histoire du point de vue de Christine, qui deviendrait alors la protagoniste et celle qui vivrait le plus de conflits, ses propositions dramatique et thématique donnant alors la nouvelle direction du récit, nous aurions quelque chose de moins attendu et émotionnellement plus intéressant : un personnage veut en sauver un autre par amour, et réalise qu'il s'est fait manipuler.

ALEX braque une banque et se fait arrêter.	**Il rencontre CHRISTINE, son avocate. Il n'est pas insensible au charme de la jeune femme et griffonne un petit portrait d'elle qu'il laisse sur la table.**	**Elle le défend si bien qu'il écope d'une petite peine.**
DÉCLENCHEUR 1 Il fait lui-même capoter sa défense et est condamné à trois ans de prison.	Alex griffonne un portrait du gardien, à ses côtés dans la fourgonnette, qui le conduit au pénitencier.	Il est poussé dans sa cellule et tout de suite confronté à la violence carcérale : les matons, les détenus.
À la bibliothèque, nous suivons un homme (FABIEN) violer un JEUNE DÉTENU puis donner de l'argent à un CHEF MATON.	Au réfectoire, Alex demande au jeune détenu violé s'il connaît un certain Fabien. Ce dernier reste dans son mutisme.	Christine retrouve son collègue ÉDOUARD dans une boutique de BD dont c'est un grand fan. Il lui apprend que c'est Alex qui a fait capoter sa défense.
Christine se rend à la prison et lui demande des explications. Mais elle n'obtient aucune réponse.	Alex repousse des prisonniers qui violentaient le jeune détenu.	Le jeune détenu finit par lui parler de Fabien qui vient toutes les semaines à la bibliothèque pour le violer. Alex lui propose qu'il le fasse rentrer à la bibliothèque, il pourra ainsi le défendre.

Le jeune détenu se sacrifie avec un chef maton pour qu'Alex puisse rentrer à la bibliothèque.	Alex retrouve le jeune détenu au réfectoire. Les blagues salaces fusent, les autres détenus croient que c'est son « mignon ».	Le collègue de Christine lui demande où elle a eu ce dessin. C'est le style d'un dessinateur qu'il adorait : ROBERT IRCH. Christine se rappelle l'affaire qui l'avait opposée à lui alors qu'elle défendait l'assassin de sa femme.
Christine découvre les photos du dessinateur, mais elles n'ont rien à voir avec Alex qui est rasé, tatoué, musclé : Robert Irch est malingre. Seuls les traits de leur visage ont des points communs.	Alex est accepté à la bibliothèque et retrouve le jeune détenu qui lui apprend à classer les livres.	**SCÈNE CENTRALE** **Christine découvre que Robert Irch a disparu après l'assassinat de sa femme et que son assassin est enfermé dans cette prison.**
Christine confronte Alex. Elle sait pourquoi il a fait capoter son procès et voulait se retrouver dans ce pénitencier où se trouve l'assassin de sa femme. Qu'est-ce qu'il mijote ? Se venger ? Pour Alex c'est un pur hasard, il n'a rien à voir avec ça.	À la bibliothèque, caché derrière les livres, Alex se confectionne un couteau.	Christine s'est procurée les empreintes d'Alex et de Robert Irch. Elle les fait comparer : ce sont les mêmes. Alex est Robert Irch.
Christine retrouve Alex et lui dit qu'elle ne peut pas le laisser tuer un homme. Elle va en parler au directeur. Il lui raconte ce que lui a dit Fabien après le procès : elle était bonne ta femme. Il lui conte son départ, sa rage qui l'a conduit à devenir mercenaire. Puis prendre l'identité d'Alex, un camarade mort, pour pouvoir se venger.	Le chef maton complice entend toute la conversation et s'empresse d'aller tout raconter à Fabien.	Christine retrouve le DIRECTEUR, mais ne parle pas d'Alex.

Elle retrouve Alex. Elle n'a rien dit mais aimerait avoir sa parole qu'il ne tentera rien.
Elle ne veut pas qu'il finisse sa vie en prison.
Avant de promettre Alex veut savoir pourquoi elle fait ça ?
« *Disons que je veux vous aider.* »

Fabien arrive à la bibliothèque et commande un livre à Alex.
Sous la pile, l'arme qu'Alex a confectionnée.
Mais le chef maton l'accompagne et demande à Alex de sortir. Le jeune détenu implore Alex du regard.

Alex dans sa cellule est en train de dessiner le portrait de Christine.

Christine est mise au courant que Fabien va tenter quelque chose contre Alex.

Elle va voir Fabien pour lui faire entendre raison.
Mais il la prend en otage.

CRISE

Alex est obligé de suivre le chef maton. Il est neutralisé par les hommes de Fabien qui va lui montrer ce qu'il a fait à sa femme avant de l'assassiner et il entreprend de violer Christine.

CLIMAX
DÉCLENCHEUR 2

Alex réagit et se défait des hommes qui l'immobilisaient avec une surprenante facilité et il tue froidement Fabien pour sauver Christine.

Christine se bat pour faire réviser son procès. Il n'écope que d'un an de prison.
Ils pourront se retrouver après.

Le jour de sa sortie, une voiture de luxe vient le chercher.
Depuis l'intérieur, Alex voit Christine arriver et l'attendre.
Un dernier regard sur elle et il dit au chauffeur de l'emmener à l'aéroport.

CHUTE

À son bureau, elle découvre qu'Alex s'est vengé en se servant d'elle pour tuer Fabien et sortir après seulement un an de prison.

Chapitre 10

Le public ne désire pas être informé, mais convaincu.

Les procédés narratifs

Nous allons aborder maintenant les procédés narratifs, que l'on appelle aussi les ficelles scénaristiques, les « trucs » du métier. S'ils sont bien utilisés ils font toujours autant d'effet sur le spectateur et dans tous les pays du monde. Ces procédés relèvent de la narration (la façon de raconter l'histoire), c'est-à-dire la manière dont les informations sont communiquées au public : choix du point de vue et de la structure, utilisation ou non de l'insert, l'ironie dramatique, la surprise, le mystère, le *time lock*, les *flash-backs*...

Remarque. À l'instar de l'exposition, le procédé narratif ne doit pas se voir : il doit s'effacer devant l'effet désiré et ne pas être repéré.

Il y a les grands et les petits procédés, mais ces derniers méritent la même considération. Ce sont les ruisseaux qui font les rivières...

Les principaux procédés

La dramatisation

Dramatiser signifie donner un tour dramatique, voire tragique à une situation ou faire ressortir exagérément la gravité et accentuer les péripéties. Un événement en soi n'est pas intéressant s'il n'est pas dramatisé, surtout s'il est anodin. Mais convenablement dramatisé, il peut se révéler passionnant à suivre. Dramatiser, disent certains réalisateurs, c'est toujours mettre le spectateur au meilleur endroit. Au cinéma, pour rendre une œuvre plus vivante, plus impressionnante, plus captivante, il faut appliquer les principes suivants :

- Concentration de l'histoire dans une unité de lieu, de temps et d'action.
- Communication d'un maximum d'infos claires en un minimum de temps.
- Contraction ou dilatation des événements et leur enchaînement.
- Intensification des sentiments et des situations (le fameux *Bigger than life* des scénaristes hollywoodiens).
- Hiérarchisation des éléments pour répondre aux exigences de la progression dramatique.

À savoir. En matière de scénario, pour comprimer le temps on utilise les ellipses (une coupe de temps entre deux actions) et la mise en parallèle : on scinde la scène principale en deux, on passe à une scène secondaire et on revient à la scène principale.

L'art de gérer l'information

Quand un film commence, le public ne désire pas être informé, mais convaincu. Sa demande est plus affective que rationnelle. L'information est donc le matériau de base pour convaincre le spectateur.

Fonction et forme de l'information

Ici, il faut distinguer la fonction de l'information (ce à quoi elle sert, surtout pour l'auteur) et la forme qu'elle revêt (ce qu'il fait pour cacher précisément sa fonction aux spectateurs). En effet, le spectateur ne doit pas sentir les ficelles que le scénariste utilise pour faire passer ses informations et rendre sa fin inéluctable. Il a besoin d'y croire, il veut du vraisemblable, il veut être convaincu que les choses ne peuvent pas se passer autrement. Il faut alors faire passer les informations « en contrebande » : en exposant en action, en trouvant un point d'attaque, en se servant du conflit, en utilisant tous les artifices pour que l'exposition n'ait pas l'air d'une exposition.

Dire l'essentiel

En cours de travail, toutes les informations qui nous paraissent importantes pour caractériser nos personnages sont souvent des informations qui seront perdues par le spectateur. Moins on explique, mieux ça vaut : encore une fois, il ne faut pas tout dire, seulement l'essentiel.

Jouer avec l'information

On retient de l'information non seulement pour des points importants, comme les révélations finales ou les coups de théâtre, mais aussi pour des points secondaires et locaux : le nom d'un nouveau personnage, un nouveau lieu…, que l'on donne après son entrée. En jouant sur ces infos, on crée de petits mystères, on dramatise les scènes.

À noter. S'il s'agit de rendre intéressante une information qui ne l'était pas on en fait un secret. Mais il faut créer autour d'elle un climat de tension, de curiosité, un enjeu… Il faut la préparer pour lui donner toute sa valeur de révélation.

Distribution de l'information

Il y a toujours une distribution inégale de l'information entre les personnages, le narrateur et le public. Elle dépend des effets recherchés : surprise, *suspense* diffus, mystère, ironie dramatique…

Remarque. N'oubliez jamais d'établir pourquoi et comment un personnage est au courant de quelque chose (*via* un dialogue, une scène précédente…). Dans le cas contraire, ce sera ressenti comme une facilité d'auteur.

La progression dramatique

La tension dramatique doit aller croissant jusqu'au climax. Les obstacles sont de plus en plus difficiles et les émotions et événements les plus importants sont gardés pour la fin. C'est pourquoi il ne faut pas commencer par un événement trop fort qui interdirait cette progression. C'est d'ailleurs le problème de beaucoup de scénarios : une progression dramatique mal gérée (ou carrément inexistante), l'action qui s'essouffle, la tension qui baisse en intensité, l'intérêt du spectateur qui s'amenuise au risque de disparaître totalement.

Le point de vue

Le cinéma, comme la littérature, nous offre trois possibilités de focalisation :

- **A.** Le narrateur en sait plus que tous les personnages. Son regard est omniscient.
- **B.** Le narrateur ne sait et ne dit que ce que sait un (ou plusieurs) personnage(s).
- **C.** Le narrateur communique ce que sait et pense un personnage : le « je » du roman, la voix off au cinéma.

Il faut donc choisir son point de vue, car ces trois possibilités impliquent des structures différentes puisque les infos seront (ou pas) communiquées différemment. On peut aussi les mélanger : A avec B ou A avec C.

Astuce. Racontez-vous l'histoire du point de vue de chaque personnage pour mieux les définir et établir clairement leurs propositions dramatique et thématique. Grâce à ce travail, vous pourrez aussi vérifier que vous avez choisi le bon protagoniste pour votre histoire. En effet, bien des fois, un autre personnage vit beaucoup plus de conflits ; l'histoire serait dans ce cas beaucoup plus passionnante et originale racontée de son point de vue (ce qui *a priori* se passerait pour nous).

67 Jean-Marc Barr dans *Europa* de Lars von Trier (1991), scénario de Lars von Trier et Niels Vorsel. Dans ce film, la voix off est maîtresse du temps et du récit.

Les inserts

Les uns l'appellent implant ou effet d'annonce, les autres *set up*, nous l'appellerons : insert. Le procédé reste le même et il s'avère fondamental en dramaturgie. C'est l'introduction subtile de personnages, de manies, d'objets, de faits en apparence anodins, mais qui joueront un rôle important plus tard dans le récit lors du *paiement de l'insert.*

> Par exemple, dans notre histoire, le fait qu'Alex dessine est un insert dont le paiement sera la révélation de sa véritable profession : illustrateur.

La place de l'insert

L'exposition de l'histoire est évidemment le moment où s'accumulent le plus d'inserts, mais le procédé peut intervenir à tout instant et concerne tous les aspects de votre fiction. Il peut être local, au sein d'une scène, comme il peut être un élément essentiel de tout un scénario, la structure même de toute une histoire.

Tout élément important doit être inséré avant

Pour qu'un rebondissement soit bien accepté par le lecteur ou le spectateur, il est en effet nécessaire de le préparer en commençant par lui révéler « la potentialité » de la chose. Il faut le suggérer, sans pour autant préciser son importance future. Il est très utile pour faire passer la transformation d'un personnage car les graines de son évolution ont été semées tout au long du récit.

De façon générale, tous les éléments importants de votre histoire doivent être insérés, sauf bien sûr dans le cas où vous voulez produire un choc, un coup de théâtre. Vous devrez tout de même préparer le spectateur à un tel changement par des petits signes annonciateurs.

> **À savoir.** Lorsque l'insert laisse présager un danger dont les protagonistes n'ont pas conscience, les scénaristes américains l'appellent *le revolver dans le tiroir.*

Annoncer et surprendre

Si la fonction première de l'insert est de rendre les choses plausibles – une situation découlant logiquement de la précédente – il permet aussi de créer le *suspense* et la surprise, les deux émotions les plus puissantes au cinéma. En effet, bien utiliser un insert, c'est faire ressentir au spectateur que cela va bientôt produire des obstacles, du conflit. Nous donnons une info incomplète que n'a pas le protagoniste ou un autre personnage, le spectateur a donc un temps d'avance, ce qui crée un *suspense* que nous appelons *ironie dramatique diffuse.* Ainsi l'anticipation du spectateur est à son comble et il élabore des hypothèses... À vous de le surprendre lorsque la chose arrive.

Comment faire un bon insert ?

Arrangez-vous pour que votre insert ait une double fonction : une fonction de normalité et une fonction de révélation d'usage insoupçonné. Plus vous glissez votre insert en contrebande – un fait négligeable perdu parmi d'autres faits qui accaparent l'attention du spectateur – plus vous créerez la surprise, plus vous aurez du paiement. Il faut que le spectateur puisse se dire : « C'était à prévoir, j'aurais dû y penser ! »

> *Insert : quoi de plus normal que le fait qu'un instituteur porte des lunettes ?*
>
> *Paiement : les lunettes du professeur sont munies d'une petite caméra. L'instituteur est un espion.*

Dans cet ordre d'idée : « Ne fais surtout pas ça ! » ou « Voilà ce qu'il faut faire » sont des inserts très efficaces. Après le premier, le protagoniste fait évidemment tout ce qui lui était interdit, tandis qu'après le second, les choses se passent autrement.

Remarque. Dans une saga, les premiers volets auront des paiements dans les épisodes suivants et ainsi de suite, jusqu'à épuisement. Ce procédé est largement utilisé dans les séries TV. Notez que plus vous éloignez l'insert de sa révélation, plus vous créez une attente chez le spectateur et renforcez l'efficacité du paiement.

Les erreurs à ne pas commettre

- « Téléphoner » ses inserts : on ne doit pas sentir l'effet à venir ni se douter que ce détail servira plus tard à quelque chose.
- Oublier de se servir d'un insert. Un insert crée une attente à laquelle il faut répondre. Tout ce qui a été semé doit être récolté, généralement avant la

68 Tom Hanks dans *Seul au Monde* de Robert Zemeckis (2000), scénario de William Broyles Jr. Dans ce film, nous avons un insert : le mal de dents du protagoniste, qui donnera lieu à deux paiements : la fameuse scène d'arrachage de ladite dent avec un patin à glace et celle où il découvre l'identité du nouveau mari de sa femme : un dentiste. Le fait de travailler pour un grand transporteur obnubilé par la vitesse est aussi un implant qui aura plusieurs paiements : les paquets qui échouent sur la plage, avec leur lot de surprises, et la notion du temps qui disparaît sur l'île.

fin. Cette règle s'applique autant aux situations et aux objets qu'aux caractères. On peut éventuellement réserver un paiement pour la toute fin, ce que les Américains appellent le *topper*, mais il n'aura plus d'incidence sur le cours de l'action.

– Utiliser un *Deus ex machina*. Si vous y tenez, soyez créatif et préparez-le bien. Exemple :

Votre héros est très croyant et c'est sa bible, que vous avez montrée à diverses reprises, qui arrête la balle de revolver qui devait le tuer. Vous n'étonnerez personne. En revanche, si la balle n'a pas tué votre personnage, mais a dangereusement déréglé son pacemaker, cette nouvelle situation est surprenante et donc plus acceptable car elle pose un nouveau problème. C'est un Deus ex machina maquillé.

– Arrêter le cours de la narration pour faire un insert.
– Faire un insert en même temps que son paiement.

Votre personnage est perdu dans la ville, il ne sait pas où aller. Il se rappelle en flash-back que sa mère lui a donné un papier en l'embrassant : le numéro de son oncle. Votre personnage l'appelle. Aucun effet. Pas de suspense, ni de surprise. Et surtout, aucun sens !

- Faire trop d'inserts : vouloir tout dire tue le paiement.
- Promettre une scène que l'on ne peut pas tenir.

Le close-up

C'est un procédé d'insert américain qui consiste à montrer des éléments strictement visuels pour annoncer une menace mais qui n'indique pas quand elle va arriver. L'exemple le plus connu :

> *Une image de foule à travers une lunette de fusil. Un homme se distingue parmi les autres, la lunette s'arrête sur lui... puis continue son chemin. Elle s'arrête sur une femme, pointe son cœur, puis repart. Gros plan d'une montre : nous découvrons l'homme au fusil qui regarde l'heure. Sur une photo sortie de sa poche, il vérifie le visage de sa cible : un vieillard. La lunette reprend alors sa course. Elle s'arrête à la sortie d'un immeuble d'où le vieil homme apparaît, mais dans ses bras il tient un nouveau-né...*

Qu'il tire sur le vieil homme ou y renonce à cause de l'enfant, vous aurez résolu votre insert.

Pour conclure, je dirai qu'en analysant un scénario complet à l'aune de ce procédé, on s'aperçoit qu'une histoire n'est, fondamentalement, qu'une succession d'inserts suivis de paiements. Nouer et dénouer. Deux mouvements, jusqu'au dénouement.

En effet, c'est dans ce ficelage et « déficelage » que l'histoire est en action. On passe d'un état à un autre. Un récit, et particulièrement une histoire policière, n'est qu'une succession de scènes préparées par une succession d'inserts, cette construction préparant le paiement final : la résolution de l'enquête.

Un outil commercial puissant

En prenant un peu plus de recul, on peut remarquer que le processus de la commercialisation d'un film est également un gigantesque insert : l'affiche et la bande-annonce sont des effets d'annonce. Oui, ce sont bien des inserts, même s'ils ne sont pas faits par l'auteur. Le titre est aussi un insert, et pas des moindres ! Il se révélera comme les autres. C'est encore plus évident lorsqu'il est tiré d'une réplique du film. On peut ressentir facilement son impact lorsqu'un titre est mal choisi ou mal traduit et annonce quelque chose qui n'a rien à voir avec l'histoire.

Le faux insert

Ce serait la mise en place d'un élément qui ne serait sciemment pas utilisé. Comme pour une fausse piste. Mais c'est prendre le risque qu'on le ressente comme une faute.

Le « milking »

Une technique d'insert qui nous vient des États-Unis. Certains studios comme Pixar en ont même fait leur marque de fabrique. C'est l'art d'exploiter au maximum le potentiel d'un élément narratif. C'est comme avec une vache (subtilité américaine) : il faut traire de la matière narrative tout son lait. Les films qui utilisent ce procédé sont légion car il donne à une histoire plus de simplicité, de densité, de force et d'invention.

Cela consiste, au lieu d'accumuler les idées, à s'efforcer d'épuiser une ou deux idées simples.

> Par exemple, dans notre histoire, nous pourrions « milker » le fait qu'Alex soit un ancien dessinateur : c'est plus fort que lui, il ne peut pas s'empêcher de dessiner. C'est d'ailleurs à cause d'un dessin que l'avocate découvre son identité. Il dessine aussi les matons qui se passent le mot et viennent lui commander des dessins à partir de photos de leur femme. Il y gagne quelques traitements de faveur. Puis le directeur en personne lui demande de faire un portrait et, grâce à ce dessin, accepte qu'Alex travaille à la bibliothèque. Et dans sa confrontation finale avec Fabien, on pourrait imaginer qu'il le tue avec son crayon à papier : celui qui lui sert à dessiner.

Vous voyez l'intérêt de ce procédé qui est en réalité un insert exploité sur toute la longueur du film et qui autorise de nombreux paiements gradués en force et en inventivité jusqu'au paiement final.

Le suspense

Moment d'attente angoissée

Dans le sens classique, le *suspense* est ce moment d'attente angoissée avant de savoir si le personnage va atteindre ou non son objectif : en d'autres termes, s'il va réussir. C'est la réponse à la question dramatique que pose toute histoire et qui n'a que deux réponses : oui ou non. Tous les genres sont apparentés au *suspense* dans la mesure où chaque film pose une question dramatique qui tend l'action jusqu'à sa résolution.

Avec Alfred Hitchcock, cette notion s'est enrichie. Pour lui, le *suspense* tenait dans le fait que le spectateur détient une information que le protagoniste ignore : la fameuse bombe sous la table. Ce qui lui faisait dire qu'il fallait avertir le public à chaque fois que l'on pouvait. Mieux valaient quinze minutes de *suspense* en lui dévoilant la menace que dix secondes de surprise en lui cachant qu'une bombe allait exploser.

Remarque. J'ai lu un article dont l'auteur affirmait que ce n'était toujours pas la véritable émotion du *suspense* car dans la situation d'Hitchcock, le spectateur ne ressent que de la crainte. En revanche, si vous faites rentrer dans l'histoire un personnage qui est au courant de l'existence de la bombe et qui va tenter d'intervenir avant l'explosion, le spectateur va vivre de la crainte (l'explosion de la bombe), mais aussi de l'espoir (va-t-il arriver à temps ?).

Le suspense *latent*

Que ce soit parce qu'on ne connaît pas la réponse à la question dramatique ou parce qu'on a un temps d'avance sur le protagoniste, dans les deux cas le spectateur est dans la même situation mais à un degré différent : il en sait toujours plus que le protagoniste (mais moins que le scénariste).

C'est ce qu'on appelle le *suspense* latent (ou ironie dramatique diffuse). Il commence par le titre du film, grâce auquel on sait qu'il va se passer quelque chose, alors que le protagoniste ne le sait pas encore. Et quand les premières images apparaissent, on sait qu'il va y avoir un problème. On se retrouve donc dans la même situation qu'avec la bombe sous la table, mais de façon plus diffuse.

À savoir. Ce que Hitchcock nommait *suspense* s'appelle depuis les années soixante-dix l'ironie dramatique. Je répète le principe : cacher une info à un ou plusieurs personnages mais pas au spectateur.

69 Natalie Portman dans *Black Swan* de Darren Aronofsky (2010), scénario de Darren Aronofsky, Mark Heyman et John J. McLaughlin. Dans ce film plein de mystère, aucune ironie dramatique (sauf diffuse). Nous n'en savons jamais plus que la protagoniste du film.

Ironie dramatique

Un principe vieux comme le monde et qui, jadis, faisait crier les enfants lorsque la marionnette du gendarme attendait, cachée, le passage du héros : Guignol. Les enfants hurlaient des mises en garde au protagoniste qui, ne comprenant pas, se rapprochait du piège – ce qui les faisait crier encore plus fort. Le marionnettiste étirait cette situation à plaisir car c'était le moment où la participation du public était la plus forte.

C'est un procédé particulièrement puissant car il implique tout de suite le spectateur en déclenchant chez lui des émotions : la peur, la crainte, l'espoir, la pitié, le dégoût..., mais aussi le plaisir : quoi de plus réjouissant que de savoir avant le personnage qu'il va glisser sur une peau de banane ? La force de l'ironie dramatique est aussi qu'elle pose sa propre question dramatique : est-ce que le personnage apprendra ce qu'il ignore ? Celle du film restant : le personnage atteindra-t-il son objectif ?

Les différents types d'ironie dramatique

- Elle peut être locale (notre personnage ne sait pas qu'il va tomber dans un trou en empruntant ce trottoir) ou durer tout le temps du film (notre personnage n'apprend qu'à la fin du film que sa femme le trompe).
- Il peut y avoir plusieurs ironies dramatiques tant au niveau des personnages principaux que secondaires : protagoniste, antagoniste, adjuvant, destinateur.
- Elle peut être la construction même du film : dans la structure inversée (3, 2, 1) tout est fondé sur l'ironie dramatique. Dès le début, le spectateur connaît la fin et les conséquences des actes que le protagoniste va entreprendre.
- Elle peut ne pas être communiquée : c'est le cas dans *Titanic* de James Cameron. Nous savons tous que le bateau va couler avant même de voir le film. Mais aucun des personnages ne le sait. Beaucoup de films portent ce type d'ironie dramatique qu'il n'est pas besoin d'expliquer.
- Elle peut être livrée au personnage qui ne veut pas la voir, mais l'acceptera petit à petit.
- Il peut enfin y avoir ironie dramatique sans que le spectateur ait plus d'infos que le protagoniste :

> *Un homme pose une bombe dans un train et va descendre à la station suivante avant qu'elle n'explose. Mais le train ne s'arrête pas à la gare en question : elle est en travaux.*

Dans ce cas, nous n'en savons pas plus que le poseur de bombe, mais nous en savons plus que les futures victimes.

Remarque. L'ironie dramatique est en réalité un insert. Et comme l'insert, elle doit être exploitée (« milkée »), tenir ses promesses et être résolue. Bien entendu, rien n'oblige à la résoudre, mais cela doit être fait sciemment pour créer un effet sous peine de frustrer le spectateur.

Notons pour finir que le quiproquo, la méprise, le malentendu sont d'excellents ressorts pour créer de l'ironie dramatique ; c'est pourquoi les biopics et les histoires de manipulation, de complot, de déguisement, d'usurpation d'identité, d'arnaque, etc. l'utilisent beaucoup.

70 Kate Winslet dans *Titanic*, réalisation et scénario de James Cameron (1997). Le film comprend un grand nombre d'exemples d'ironie dramatique : nous savons avant tout le monde que les personnages ne sont pas du même milieu, qu'il va y avoir une histoire d'amour, un souci avec le prétendant et ce qu'il manigance pour faire accuser notre héros..., et enfin le plus important, qui s'étire jusqu'au climax : le paquebot va sombrer.

La scène de révélation

Qui dit ironie dramatique dit *scène de révélation* : le moment où celui qui ignorait l'information l'apprend (ou l'accepte). C'est toujours un moment extrêmement fort du scénario et souvent une charnière car le personnage passe de l'ignorance à la connaissance. Le spectateur (dans la confidence depuis un certain temps) ressent alors profondément ce que ressent le personnage. À ce moment-là, l'identification est très forte.

Par ailleurs, si nous espérons le moment où le protagoniste apprendra l'information qui lui manque, nous craignons par-dessus tout la scène où l'antagoniste découvrira ce qu'il ne sait pas car elle met généralement en danger notre héros. Dans *Reservoir Dogs* (de Quentin Tarantino, 1992) nous redoutons le moment où les gangsters découvriront que notre héros est un policier infiltré.

Enfin, certaines scènes de révélation sont très émouvantes : le personnage découvre l'amour caché, le sacrifice d'un proche, la loyauté d'un ami ou d'un ennemi (ce qu'on appelle la reconnaissance).

Remarque. À chaque fois que vous introduisez une ironie dramatique, vous introduisez une scène de révélation. Chaque ironie posée correspond donc à deux scènes. Si vous introduisez quatre ironies dramatiques dans votre histoire, vous obtenez huit scènes sur la trentaine que requiert un scénario. Ce procédé est un formidable outil pour construire et structurer son récit car il permet de tirer rapidement des fils narratifs.

71 Daniel Auteuil et Yves Montand dans *Jean de Florette* de Claude Berri (1986), scénario de Claude Berri et Gérard Brach d'après le roman éponyme de Marcel Pagnol. Dès le début du film, nous voyons Ugolin et son oncle, le Papet, boucher la source qui sera la cause de tous les conflits. Une ironie dramatique qui court jusqu'à la fin du film et sera résolue seulement à la fin du deuxième volet : *Manon des Sources* (1986). La scène de révélation étant le moment où Manon apprend la vérité.

La surprise

Elle est créée lorsque l'on donne au spectateur une information qu'il n'attendait pas. L'émotion qu'elle procure ne dure que le temps de la surprise. On mêle d'ailleurs souvent les deux effets : une surprise annonce une ironie dramatique. On découvre que la femme du héros le trompe (première surprise et ironie dramatique). Mais on apprend que l'homme le sait (deuxième surprise et ironie dramatique).

Lorsqu'elle est très forte, la surprise se nomme *coup de théâtre*. Elle a le pouvoir de relancer l'action, de changer sa perspective en modifiant les enjeux, de réveiller le spectateur.

Le mystère

C'est quand une information donnée au spectateur en dit trop ou pas assez. Le mystère n'est pas aimé du public car il se sent à l'écart : il ne participe plus à l'action. Dès lors, pour bien gérer un mystère, il faut que toutes les infos que l'on donne soient claires et assez importantes pour offrir un petit temps d'avance au spectateur. Il faut lui donner « à manger » comme on dit. Une bonne technique est de découper son mystère en petits morceaux et de les communiquer un par un au spectateur en respectant une progression dramatique jusqu'à la révélation finale, comme on le fait pour une enquête policière. C'est la meilleure façon de garder l'intérêt du spectateur. L'autre moyen, plus barbare, mais qui fonctionne parfaitement, est d'injecter beaucoup d'action pour maintenir son attention. Ce qui nous amène à énoncer une règle d'or du scénariste : *toujours placer le spectateur entre lui et ses personnages.*

72 Sam Rockwell dans *Moon* de Duncan Jones (2009), scénario de Nathan Parker, d'après une histoire de Duncan Jones. Quelques semaines avant la fin de son contrat de technicien dans une station lunaire, le protagoniste se met à avoir des hallucinations. Convaincu que c'est son isolement qui est en cause, il enquête et découvre que si ses patrons ont prévu de le remplacer, ils n'ont jamais projeté de le ramener sur Terre. Malgré l'absence d'action et la présence d'un seul acteur à l'écran, le mystère qui entoure cette histoire est parfaitement géré et maintient notre intérêt jusqu'à la fin. Bien que considéré comme meilleur film indépendant britannique à la 12e cérémonie des British Independent Film Awards, il n'est jamais sorti en salles en France.

À noter. On peut donc diffuser l'information (ironie dramatique diffuse), la livrer seulement au spectateur (ironie dramatique), la lui cacher (surprise) ou n'en dévoiler qu'une partie (mystère). Il est évident qu'un récit efficace se servira des quatre possibilités dans un savant mélange pour obtenir le maximum d'effet et d'émotion.

L'anticipation

Un grand ressort scénaristique consiste à jouer avec l'anticipation du spectateur en l'alimentant par des informations, du *suspense*, des questions, des attentes, pour finalement le surprendre en changeant ce qu'on avait laissé prévoir. C'est pourquoi l'objectif d'un personnage doit être posé rapidement pour donner lieu à de l'anticipation. Il faut ensuite que les faits se produisent contre toute attente, tout en découlant les uns des autres. Pour ne pas perdre cet aspect crucial, le scénariste doit toujours se mettre à la place du public.

L'anticipation fonctionne à court et à long termes, sur une scène ou tout le scénario. L'idéal étant que chaque scène laisse le spectateur avec une nouvelle interrogation. On crée alors un phénomène d'aspiration de la scène suivante. C'est ce qu'on appelle aussi dans le genre policier l'*effet domino*. Enfin, l'anticipation créée doit être résolue.

73 Matthew McConaughey dans *Interstellar* de Christopher Nolan (2014), scénario de Christopher Nolan et Jonathan Nolan. Une odyssée métaphysique et intemporelle pleine de mystère.

La caractérisation

Nous l'avons abordé dans le chapitre consacré aux personnages, la caractérisation est l'art de créer des personnages par des détails physiques, professionnels, familiaux, sociaux qui définissent leur apparence et leur comportement. Et c'est par leur mise en situation, leurs actions (réactions), leurs objectifs, leurs motivations, leur relation aux autres que les personnages se caractérisent.

Ajoutons qu'un personnage n'a pas besoin d'être vrai, mais réaliste. Et pour atteindre ce réalisme il ne faut pas hésiter à utiliser l'artifice. De même, pour soigner sa caractérisation, un personnage ne se découvre pas du premier coup. Il se dévoile petit à petit en suivant une progression dramatique.

Les procédés secondaires

Les respirations

Trop de drame tue le drame, trop de rire tue le rire. Pour éviter que l'émotion du spectateur ne faiblisse par effet de saturation, usez de scènes de respiration, de repos en alternant temps forts/temps faibles, tension/détente, action/repos, visuels/dialogues, jour/nuit... Ces scènes de respiration sont souvent ce qu'on nomme des *aftermaths* : ces moments où, après un coup de théâtre, les personnages discutent de ce qu'ils vont entreprendre pour affronter la nouvelle situation. Dans les séries TV et surtout américaines, un *aftermath* suit systématiquement chaque déclencheur.

Le point d'orgue

Pour boucler une scène importante, on reste sur un détail, une ponctuation, une réplique... Ce qui a pour effet de donner une résonance particulière à la scène – du mystère, de la menace, du doute – ou bien d'annoncer quelque chose.

La répétition

Au cinéma, l'info se perd rapidement. La répétition est donc fondamentale pour la narration. Tout le monde s'accorde sur le fait qu'il faut répéter au moins trois fois une information pour qu'elle soit bien entendue et le faire de façons différentes, en variant comme en musique. Dernière qualité de la répétition : elle crée un sentiment d'unité et permet de montrer ce qui a changé. Elle est beaucoup utilisée dans les gags à répétition, le dernier étant souvent celui qui sera différent.

À noter. La répétition d'une même information, d'une même donnée, d'une même situation est en réalité un implant qui sera « milké » jusqu'à sa résolution. Elle a l'avantage de procurer du paiement à chaque répétition. Elle peut être locale ou faire l'objet de tout un film : la même histoire racontée par des personnages différents, la même situation vécue plusieurs fois par le même personnage...

74 Toshirō Mifune dans *Rashōmon* d'Akira Kurosawa (1950), scénario de Shinobu Hashimoto et Akira Kurosawa d'après deux nouvelles d'Akutagawa Ryunosuke. Quatre personnages racontent des versions très différentes d'un même crime.

L'ellipse

Les ellipses sont une coupe plus ou moins importante dans le temps d'une action, une partie de l'histoire, un moment. On s'en sert pour donner du rythme et ne pas imposer aux spectateurs tous les détails d'une action : *j'ouvre une porte, j'entre, je referme la porte.* On prend les choses en cours et on les quitte avant qu'elles ne finissent : *j'arrive en voiture, j'ouvre la porte de chez moi.* On fait aussi des ellipses pour cacher des informations au spectateur et lui ménager quelques surprises, ou lui éviter d'entendre à nouveau ce qu'il sait déjà. Comme beaucoup de procédés, l'ellipse peut être tout un pan de l'histoire sur lequel la narration repose.

Remarque. Il est intéressant de noter que les films aujourd'hui ont des ellipses beaucoup plus grandes que les films d'hier. On passe facilement d'un pied qui descend d'avion à un gros plan de main tenant un verre dans un bar. Le spectateur remplit lui-même l'information manquante entre les deux actions. Godard l'expliquait par l'influence de la publicité qui découpe de façon exponentielle le temps pour accélérer la narration et concentrer le maximum d'informations utiles, habituant ainsi le spectateur à remplir des trous de temps et d'action de plus en plus grands. Un phénomène qui a impacté le cinéma.

Le triangle tragique

Étudié par Stephen Karpan, il met en présence trois grands rôles : le persécuteur, la victime et le sauveteur. Le protagoniste prend l'un des rôles, l'antagoniste l'un des autres, puis les personnages se déplacent sur le triangle, changent de rôle, rentrent en interaction avec un sauveteur, lequel est alors pris dans le mouvement :

> *Un homme intervient pour sauver un autre d'une injustice, mais se trouve persécuté à son tour pour être intervenu et finira en victime en dépit d'un autre sauveteur.*

Le *flash-back* et le *flash-forward*

Nous l'avons vu, le *flash-back* est un retour en arrière et le *flash-forward* une anticipation des événements. Certains théoriciens affirment que ce sont aujourd'hui des techniques à éviter, car des facilités d'auteur et un manque certain d'imagination. Il faut les utiliser si on ne peut pas faire autrement ou si ce sont les procédés les plus efficients pour faire passer les informations.

Le flash-back

Il faut savoir que ce procédé stoppe le récit filmique, freine l'action en cours et génère rarement de motivation et de « *ré*-action » chez le personnage. Il fait perdre la dynamique du récit et un certain temps est ensuite nécessaire pour la relancer. Son grand intérêt est de révéler le personnage en expliquant sa psychologie : pourquoi il en est là aujourd'hui. Il doit être traité comme n'importe quelle scène (un début, un milieu, une fin), situé le temps et le lieu, et doit être annoncé tout de suite, puis se répéter au moins trois fois dans le film. C'est un procédé déconseillé sauf quand il s'impose par la thématique ou ne fait qu'un avec l'histoire. Il est toujours préférable d'intégrer le passé au présent de l'histoire.

Le flash-forward

Le flash-forward a moins d'inconvénients que son prédécesseur car il génère une double action, d'abord en l'anticipant puis en la répétant. Au niveau local, il prend souvent la forme d'une prémonition, ou plutôt d'une précognition d'un personnage. Utilisé sur toute l'action d'un film, le *flash-forward* peut s'avérer très efficace :

> *Quatre gangsters mettent au point le braquage de la banque autour d'un plan des lieux : nous voyons en image toutes les étapes du casse jusqu'à sa réussite. Lorsque le braquage a véritablement lieu, rien ne se passe comme prévu : tout devient paiement.*

Le *time lock*

Ce procédé pose une certaine limite de temps pour effectuer une action déterminée :

> *Le personnage a une heure pour dévaliser la banque, 48 heures pour sauver le monde, dix minutes pour répondre...*

Il faut l'utiliser à chaque fois que c'est possible, même au niveau d'une scène, car il a ce pouvoir de propulser l'action en avant et de la rendre plus captivante. Son enjeu peut être concret ou psychologique, mais il pose toujours l'urgence.

L'unité d'action

Je ne mentionnerai délibérément que l'unité d'action qui vise à concentrer l'intérêt dramatique autour d'une action principale, tout ce qui est secondaire devant lui être subordonné. On l'a sans cesse répété tout au long de cet ouvrage : tout doit travailler pour elle.

Concernant l'unité de temps et de lieu, ces deux notions n'ont plus la même importance car elles ont explosé avec le cinéma et maintenant les jeux vidéo. D'un plan à un autre, on passe d'un aéroport à un autre, on traverse l'Atlantique en quelques secondes, on suit dans un même plan deux personnages en train de se parler à des milliers de kilomètres l'un de l'autre le portable à la main...

75 Nicolas Cage dans *12 heures* de Simon West (2012), scénario de David Guggenheim. Le protagoniste du film a douze heures pour sauver sa fille.

Du bon usage des procédés narratifs

En conclusion, tout scénario digne de ce nom utilise à sa manière un grand nombre de ces procédés narratifs car ce sont eux qui génèrent les émotions propres au cinéma : la crainte, la peur, l'espoir, la joie... Il est donc nécessaire pour un scénariste de bien les connaître et de les maîtriser parfaitement. Plus ils seront exploités et invisibles, plus votre histoire gagnera en intérêt et en force. S'il est très important de savoir ce que l'on raconte, il est tout aussi important de connaître les procédés narratifs pour bien le raconter. En revanche, il ne faut pas les utiliser pour masquer une erreur ou des faiblesses : elles seront plus difficiles à identifier car dissimulées. Les procédés narratifs sont des outils de langage qui vous aideront à créer votre style, votre marque de fabrique. Aussi, quand vous choisirez de suivre un type de procédés dans votre scénario, veillez à vous y tenir.

Dans notre histoire, nous avons encore beaucoup d'invraisemblances. Nous avons les effets recherchés, mais nous n'avons pas encore les causes : nous voulons que Christine ait été l'avocate de Fabien, qu'elle tombe amoureuse d'Alex, qu'elle soit prise en otage, qu'Alex soit obligé de la sauver, qu'elle se rende compte qu'il l'a manipulée... Beaucoup d'éléments à rendre logiques, à faire tomber l'un dans l'autre de façon convaincante pour rendre notre fin inéluctable.

En adoptant l'exposition différée nous avons « ellipsé » tout un pan de l'histoire pour démarrer le film avec le braquage raté. Nous jouons énormément sur l'anticipation du spectateur et le surprenons totalement à la toute fin avec notre chute.

Pour augmenter la tension, nous pourrions glisser un *time lock*. Par exemple, le directeur apprend à Alex qu'il sera transféré dans quinze jours vers un autre établissement. Alex a seulement deux semaines pour mettre son plan à exécution.

Sans objectif, pas d'enjeu, pas d'obstacles ;
pas d'histoire.

Chapitre 11

Les ressorts dramatiques

Les ressorts dramatiques relèvent de l'histoire et non de la narration. Ils sont ses éléments constitutifs, en d'autres termes : ce qui se passe chronologiquement. Certains sont fondamentaux et même obligatoires, d'autres conflictuels ou encore émotionnels, mais ils ont tous deux points communs : ils sont vieux comme le monde et universels. C'est pourquoi une histoire tirée du fin fond des âges ou d'une culture totalement étrangère peut faire vibrer les spectateurs du monde entier ; preuve que tous les humains sont animés par les mêmes besoins, les mêmes folies, les mêmes sentiments, les mêmes émotions. On les retrouve dans tous les arts narratifs : roman, cinéma, théâtre, BD, radio, conte… Dans une certaine mesure on les retrouve aussi dans la peinture, la photographie, la danse… car tous ces arts nous racontent aussi des histoires.

Les ressorts fondamentaux

Nous aurions pu dire « ressorts obligatoires » car ils sont les composants indispensables au bon fonctionnement d'une histoire. Si l'un d'eux manque le moteur déraille et le bateau n'arrive pas à destination : il tourne en rond, il n'avance pas, s'égare et peut faire naufrage.

En effet, pour qu'il y ait une histoire, il faut que le personnage principal poursuive un *objectif* fortement motivé par un *enjeu* qui se traduit par une *tâche* (ce que va entreprendre le personnage pour l'atteindre) que des *obstacles* vont rendre difficile, le tout se déroulant dans un lieu spécifique : l'*arène.*

L'objectif

L'objectif doit être clairement défini dès le début de l'histoire. Il doit être difficile à atteindre et vital pour le protagoniste :

Si je ne divorce pas de ma femme, mon père me déshéritera; si je ne trouve pas de travail, je perdrai ma maison.

Dans notre histoire, si Alex ne venge pas sa femme, il ne pourra vivre en paix.

Tous les personnages doivent avoir un objectif – cela dynamise les scènes et les acteurs ont quelque chose à jouer – sauf, évidemment, si c'est pour caractériser un personnage qui n'a précisément pas d'objectif. En revanche, le protagoniste peut changer d'objectif en cours de route, mais il faut le justifier, ou il peut être tiraillé par deux objectifs quand un deuxième (psychologique) s'est greffé sur le premier et le mange de l'intérieur, ce qu'on nomme le dilemme :

Un homme est confronté à la situation d'être obligé de choisir entre le devoir et l'amour, l'argent ou l'amitié.

Par ailleurs, plus vous éloignez votre personnage de son objectif, du point où vous voulez le faire arriver, plus son parcours est riche et intéressant. Ce n'est donc pas tant le spectaculaire de l'objectif qui crée sa force, mais la distance à parcourir pour l'atteindre.

Un gangster projette de dévaliser une banque. D'accord. Mais un homme ordinaire obligé de dévaliser une banque pour payer une dette aura beaucoup plus de chemin à parcourir que le premier.

Il y a des objectifs qui créent tout de suite l'identification du spectateur (séduire une femme, sauver sa vie, sauver le monde), d'autres qu'il faut dramatiser (trouver du travail, posséder une maison, gagner de l'argent)... Mais quelle que soit leur nature, ils doivent toujours entraîner le personnage vers le climax qui déterminera si l'objectif est atteint ou non (il faut toujours lui jeter un sort). N'oublions pas que c'est l'objectif qui pose la question dramatique : le protagoniste atteindra-t-il son objectif?

Et la réponse dramatique est soit positive (objectif principal atteint), soit négative (objectif principal abandonné ou encore visé).

> **Remarque.** C'est l'incertitude de cette réponse dramatique qui crée le *suspense*.

L'objectif est indispensable car c'est lui qui pousse le personnage dans une direction. On peut le cacher au spectateur et ne le révéler qu'à la fin (c'est ce que nous pourrions faire dans notre histoire), mais il ne peut y avoir qu'un objectif principal (même dissimulé), les autres seront secondaires et travailleront pour lui : ce sont les sous-objectifs.

La tâche

La tâche principale et les sous-tâches sont simplement ce que doit faire le personnage pour atteindre son objectif et ses sous-objectifs :

> *Mon objectif est de trouver rapidement une grosse somme d'argent; sinon (enjeu), je vais mourir assassiné par mon débiteur. Je vais donc braquer une banque (la tâche). Mais pour cela il me faut des associés (sous-objectif), je dois les trouver et les convaincre (sous-tâche), il me faut les plans, des voitures (sous-objectifs) : je dois les voler (sous-tâche), des armes, du matériel (sous-objectifs), je dois les acheter (sous-tâche).*

La tâche doit être difficile et les sous-tâches suivre une progression dramatique. Toutefois elle ne doit pas être impossible à réaliser. Enfin, à l'instar de l'objectif, il ne peut y avoir qu'une seule tâche principale.

L'enjeu

Un enjeu est quelque chose que l'on risque dans une compétition, une entreprise ou une situation problématique. C'est donc ce que l'on peut gagner ou perdre en faisant quelque chose (ou en ne le faisant pas) : le gain, la gloire, le profit, le succès, la réussite, la santé, la vie... Pour intéresser le public, il faut que l'objectif du personnage ait un enjeu car c'est lui qui le pousse à agir :

> *Il doit éliminer le monstre sinon le monde va périr, trouver de l'argent sinon son entreprise va fermer, ne plus voir sa maîtresse sinon son mariage va capoter...*

Les enjeux sont toujours liés à sa situation et il s'agit le plus souvent de survie, d'appartenance et d'estime de soi.

À noter. Dans ce sens, plus ce que le personnage peut gagner ou perdre est important et plus les enjeux sont élevés. Il ne faut donc pas hésiter à grossir l'enjeu car la tension générée dépend de lui. Enfin, pour que le public comprenne bien l'enjeu d'une histoire, il faut le poser clairement et assez tôt. Si le spectateur ne comprend pas bien pourquoi il est important que le personnage réussisse à tuer le monstre, il risque de décrocher.

76 Guy Pearce dans *Memento*, écrit et réalisé par Christopher Nolan (2000), d'après *Memento mori*, une nouvelle de Jonathan Nolan. Pour ne jamais perdre son objectif de vue (venger sa femme), le protagoniste du film, atteint d'une forme rare d'amnésie, structure sa vie à l'aide de fiches, de notes, de photos et même de tatouages sur son corps.

Les obstacles

Pour atteindre son objectif, le personnage se confronte à un tas d'obstacles physiques et psychologiques qui l'obligent à prendre des décisions et à agir. L'obstacle est donc aussi important que l'objectif, car c'est leur confrontation qui crée le conflit. Il a cette force de caractériser les personnages en montrant leur façon de réagir et de lutter.

Les différents types d'obstacles

On peut diviser les obstacles en quatre catégories selon leur origine :

- les obstacles circonstanciels : franchir une rivière, gravir une montagne ;

- les obstacles accidentels : une avalanche, la voiture qui tombe en panne, le bateau qui coule ;
- les obstacles intentionnels : l'antagoniste fait tout pour empêcher le protagoniste de réussir ;
- les obstacles personnels : le personnage est à l'origine des obstacles qui surviennent dans sa vie (revoir chapitre sur le conflit).

Il y aurait donc là aussi les obstacles internes : jalousie, cupidité, ambition, avarice, maladresse, orgueil... et les obstacles externes : accident, maladie, catastrophe.

Obstacles internes et externes

Très souvent, les obstacles externes ont une origine interne. Le personnage est responsable des obstacles qui entravent sa route. Et en les surmontant, il peut surmonter leur origine : lui-même.

En revanche, un même obstacle externe peut être d'origine interne pour un personnage et totalement externe pour un autre. Tout dépend de leur degré de responsabilité. C'est la différence entre une tragédie, où les personnages par leur démesure sont responsables de ce qui leur arrive et le mélodrame, où les personnages sont des victimes innocentes : victimes d'accident, de l'injustice, de la malchance...

Deux personnages peuvent aussi avoir le même objectif sans se confronter pour l'obtenir (couple, associés, complices, partenaires). Pourtant il y a beaucoup de conflits entre eux et les obstacles jalonnent leur route. Ici, il est évident que les obstacles et conflits sont d'origine interne, car directement liés à l'incompatibilité de leur personnalité.

Notons au passage qu'un obstacle externe d'origine interne a lui-même une origine externe :

> *Un personnage se voit refuser injustement un poste (obstacle externe) parce qu'il est extrêmement maladroit (d'origine interne), ce défaut étant la cause de la maltraitance de son père (obstacle externe).*

Comme pour les deux propositions, le conflit et maintenant les obstacles, l'interne et l'externe, sont étroitement liés et s'imbriquent pour créer le mouvement.

Comment réussir ses obstacles ?

Les obstacles doivent être :

- toujours être un minimum justifiés, excepté au début du récit, où ils peuvent être totalement fortuits et c'est très bien accepté par le spectateur car ils lancent l'action. En revanche, il est toujours bon de montrer au spectateur les obstacles qui attendent le protagoniste avant qu'il ne s'y trouve confronté : on crée ainsi de l'ironie dramatique ;
- ni trop faibles, ni trop forts. Les premiers rendront les choses trop faciles pour le protagoniste, les seconds rendront les choses impossibles. Les obstacles doivent être à la mesure de vos personnages ;
- ni trop, ni trop peu nombreux. Il faut trouver le bon équilibre, car même s'il en faut beaucoup, en mettre trop ne fait vivre que de la crainte au spectateur et il n'a plus d'espoir.

> **Astuce.** Plus ou moins d'obstacles prolongent la durée de l'intrigue sans en modifier le sens. Si vous voulez abréger un scénario, il faut simplement réduire le nombre d'obstacles qui étoffent le drame.

Face aux obstacles, perdre ou gagner est le seul but pour les personnages, selon les Américains. Sur tout un film, comme dans une scène, le protagoniste ou l'antagoniste devraient toujours perdre ou gagner quelque chose. Pour eux, un film dont le protagoniste est sympathique, qui atteint son objectif en surmontant tous les obstacles et qui se transforme pour devenir meilleur aura plus de chances de plaire au grand public qu'un film qui raconterait tout le contraire.

L'arène

C'est le lieu, le milieu, de l'action principale : choisissez toujours l'arène qui dramatise le mieux votre histoire et connaissez-en chaque détail pour rendre les choses authentiques et réalistes. Une histoire d'amour n'aura pas la même dimension dramatique selon qu'elle se passera aujourd'hui, à Paris, dans le milieu de la restauration ou en 2050 sur Mars, dans le milieu scientifique.

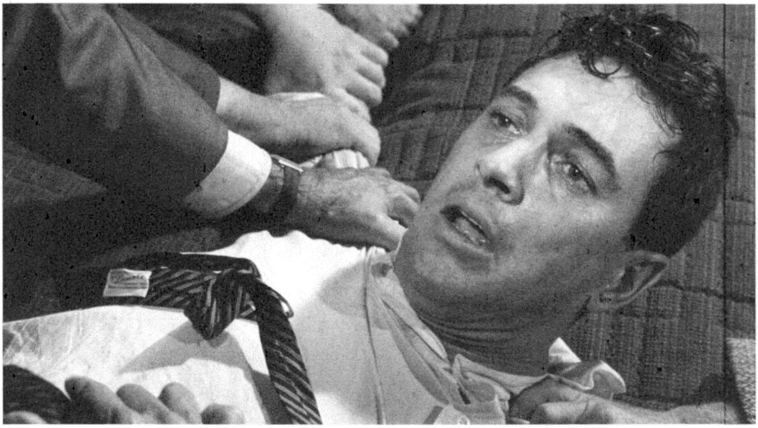

77 Rock Hudson dans *L'Opération diabolique* de John Frankenheimer (1996), scénario de Lewis John Calino d'après le roman de David Ely. Le protagoniste, un homme d'âge mûr déçu par son existence, simule sa mort pour refaire sa vie. Mais cette nouvelle existence ne sera qu'une longue série d'obstacles.

L'histoire que nous avons développée pourrait se jouer ailleurs que dans une prison : un hôpital, par exemple. On imagine bien que les obstacles seraient alors différents par nature et changeraient le déroulement de l'intrigue.

Les ressorts conflictuels

Ils portent en eux l'essence même du conflit. Que ce soit ponctuellement ou sur toute la durée du film, le personnage subit un changement de fortune, fait une faute, traîne une dette, se trouve dans un dilemme, ne pense pas comme son époque, ne vient pas du bon milieu ou est pris pour un autre. Bien sûr, il faut les mélanger pour obtenir la solution la plus explosive :

> *Un personnage s'est fortement endetté pour armer des bateaux de commerce qui rempliront leur cale d'épices en provenance d'Inde. Mais les navires sont pris dans une tempête et aucun n'en réchappe. Ce changement de fortune le fait tomber dans une terrible misère. Il rencontre une jeune femme de bonne famille et riche. S'il en fait son épouse, il pourra se sortir de ses ennuis. Il se fait passer pour quelqu'un d'autre et séduit la jeune femme. Mais au moment de se marier, il est pris soudain d'un sérieux dilemme : il ne ressent pas d'amour pour elle.*

La perturbation

Un personnage réagit parce que sa vie est perturbée par quelque chose : il perd son travail, il rencontre un extraterrestre, il gagne au loto, sa femme le quitte... C'est comme une maladie : on est en bonne santé (état non perturbé), on a la fièvre (perturbation), on lutte pour guérir (conflit), on guérit ou on meurt, (réajustement). On peut commencer le récit quand l'homme est en bonne santé, avec la fièvre ou pendant qu'il lutte pour guérir. La dynamique d'une histoire repose sur cette perturbation : éléments qui s'attirent ou se repoussent, ou que l'on sépare ou réunit. Elle est généralement le déclencheur de l'action.

On l'appelle aussi *changement de fortune* lorsqu'elle est la conséquence de quelque chose d'imprévu. Le personnage change de condition en bien ou en mal, ce qui bouleverse sa vie. C'est un ressort puissant pour la tragédie et le mélodrame : un homme ordinaire se retrouve soudain propulsé dans une situation extraordinaire.

78 Gary Grant dans *La Mort aux trousses* d'Alfred Hitchcock (1959), scénario d'Ernest Lehman. Un tranquille publicitaire est soudainement enlevé car il est pris pour un autre, un espion qui répond au nom de George Kaplan.

La dette

La dette d'argent ou d'honneur est l'un des ressorts dramatiques les plus universels et au cœur de nombreuses histoires. Elle peut être contractée avant que le récit ne commence.

Dans notre histoire c'est une dette d'honneur qui se traduit par la vengeance. L'assassin doit payer pour son acte meurtrier.

79 Ben Gazzara dans *Meurtre d'un bookmaker chinois* (1976), écrit et réalisé par John Cassavetes. Pour s'acquitter de sa dette, le protagoniste est forcé par la mafia d'assassiner un bookmaker chinois concurrent.

La faute

Le héros commet une faute qui va le faire passer d'un état non perturbé à la perturbation. Cette faute peut être provoquée par sa démesure, les passions dont il est esclave et qui le précipite dans le malheur, ou encore sa rébellion face à sa condition et qui le font transgresser les normes sociales. Il devra se mettre en action pour réajuster la situation.

La condition sociale

La lutte des classes est un ressort dramatique ancien, la plupart du temps combiné à une histoire d'amour : faire s'aimer deux personnes que leurs conditions sociales repoussent : *Roméo et Juliette* de Franco Zeffirelli (1968), *Pretty Woman* de Garry Marshall (1990).

Le dilemme

Quand un personnage est déchiré entre deux situations de même importance, il vit un dilemme. Et quoi qu'il décide, il perdra quelque chose. Il s'agit souvent de choisir entre l'amour et l'honneur, la possession et l'amour, la gloire et l'amour, la liberté et l'amour. L'amour étant le plus souvent en opposition avec le reste. Mais il y en a d'autres : le matériel ou le spirituel, l'intérêt général ou l'intérêt personnel, le devoir ou l'idéal, le mensonge ou la vérité. La situation de dilemme a cette force unique de mettre en lumière le conflit interne du personnage. Et ce qu'il choisira illustrera immanquablement sa transformation.

80 Hiroyuki Sanada dans *Le Samouraï du crépuscule* de Yōji Yamada (2002), scénario de Yōji Yamada et Yoshitaka Asama. Le portrait d'un samouraï confronté à de nombreux dilemmes (s'occuper de ses filles, se remarier, être ambitieux, tuer...).

La morale

Les personnages agissent toujours en fonction de codes moraux dont ils ont conscience ou pas et qui dictent leur comportement. L'époque est très importante car elle détermine ceux qui sont en vigueur et les conduites à tenir. Un personnage qui n'est pas en accord avec la morale s'expose toujours à vivre du conflit. Raconter l'homosexualité d'un personnage dans notre société actuelle est presque banal. Mais placez ce personnage dans les années cinquante : il devra vivre caché avec la hantise d'être découvert sinon une pluie de problèmes s'abattra sur lui... Citons par exemple le film *Loin du paradis* de Todd Haynes (2002).

Méprise, malentendu et quiproquo

Ils sont universels dans l'art dramatique et source inépuisable de scénarios. Nous connaissons tous le personnage qui est pris pour un autre, qu'il soit d'accord ou pas. Celui qui s'est arrangé pour créer cette méprise dans un but particulier, ou encore celui qui accepte la méprise pour l'amour d'une personne. Il y a aussi celui qui est prêt à passer pour quelqu'un d'indigne aux yeux de son entourage afin de pouvoir poursuivre un but noble :

Le courageux se laisse passer pour un couard pour mieux réussir sa mission.

Nous avons aussi tous en tête la célèbre méprise sur la personne assassinée : le cas d'Œdipe, ou encore celle d'un homme de petite condition qui prend la place d'un personnage important : *Kagemusha* d'Akira Kurosawa.

81 Tatsuya Nakadai dans *Kagemusha* d'Akira Kurosawa (1980), scénario de Masato Ide et Akira Kurosawa.

Les ressorts émotionnels

Ces ressorts jouent sur l'émotion du spectateur par identification ou contagion.

L'identification

L'identification provoque des émotions chez le public. Pour la créer, il faut créer un personnage sympathique, mais qui a ses zones d'ombre : *nobody is perfect.*

Il doit aussi avoir quelques compétences, même si c'est un homme ordinaire. Nous avons vu que l'on pouvait aussi s'identifier à un salaud, à un groupe… Pour le faire rapidement, il est facile de présenter le personnage dans le danger ou le malheur (on a tué sa femme par exemple), ou bien le montrer en train de commettre une faute. Raconter l'histoire du point de vue du personnage est aussi facteur d'identification. On s'identifie par comparaison favorable ou défavorable au personnage. Aussi, mettre un personnage, auquel on s'est identifié, en situation de faiblesse procure toujours une grande satisfaction.

La crainte ou la pitié

Pour créer la crainte, il ne suffit pas de montrer son personnage en danger. Il faut que le spectateur participe au danger. C'est pourquoi on utilise souvent un personnage qui a constamment peur, son rôle étant de la transmettre au spectateur par contagion ; comme les rires que l'on rajoute à la télévision pour les gags TV.

La pitié, quant à elle, est proportionnelle à la familiarité que nous entretenons avec le personnage. Si nous ne savons rien de lui, n'avons rien vécu avec lui, son sort nous laisse indifférent.

La reconnaissance

Un personnage qui reconnaît celui qu'il prenait pour un autre est aussi un ressort majeur. Il passe de l'ignorance à la connaissance. Il peut reconnaître un sentiment qui lui était méconnu : l'amour que lui portait un personnage qu'il prenait pour un ennemi. On rajoute beaucoup d'émotion quand cette reconnaissance arrive trop tard. Elle peut aussi être heureuse : le protagoniste reconnaît un parent, une mère, un frère. Elle a toujours besoin d'un objet (une amulette, une bague, une cicatrice, un souvenir, un tic…) ou d'un prétexte (une expression, un geste, une voix…) qui provoquent le déclic. Elle est souvent la réponse à la méprise qui avait lancé l'histoire et on la situe généralement à la fin car c'est le point émotionnel culminant.

Les ressorts additionnels

Le *Deus ex machina*

C'est l'événement inattendu et improbable qui règle les problèmes du protagoniste à la dernière minute : l'arrivée de la cavalerie, la coïncidence, le *ça*

82 Greta Scacchi et Tom Berenger dans *Troubles* de Wolfgang Petersen (1991), scénario de Wolfgang Petersen et Richad Neely (adaptaté de son roman *Cauchemar sous plastique*). Les films sur l'amnésie exploitent volontiers ce ressort dramatique. La reconnaissance revient alors avec la mémoire.

n'était qu'un rêve... Il date des tragédies grecques, dans lesquelles un dieu pouvait entrer en scène pour aider le héros sans espoir. Mais les miracles au cinéma sont mal acceptés par le spectateur même s'il les accepte dans la vie, car il les ressent comme une facilité de l'auteur. Venu suivre l'histoire d'un personnage à qui il arrive des problèmes, il veut qu'il s'en sorte par lui-même et refuse donc l'intervention d'une force supérieure comme dans un conte de fées.

En revanche, l'événement inattendu et improbable qui met le personnage en situation de difficulté au début d'une histoire est mieux accepté par le public. On l'appelle le *Diabolus ex machina*. Par la suite, il est à bannir pour les mêmes raisons que le *Deus ex machina* : c'est un manque de préparation.

> **À noter.** Une petite exception pourtant, comme nous l'avons vu précédemment, avec le *Deus ex machina maquillé :* un élément inespéré qui vient sauver le personnage d'une situation délicate pour mieux le jeter dans une autre situation tout aussi compliquée.

Le *mac guffin*

Le *mac guffin* est un élément qui représente un enjeu matériel primordial pour les personnages d'une histoire mais qui peut ne rien avoir d'extraordinaire : c'est juste un prétexte. Ils rivalisent, s'affrontent, s'entretuent pour l'obtenir : l'anneau dans le *Seigneur des anneaux*, le microfilm dans *La Mort aux trousses*, la mallette dans *Pulp Fiction*...

Pour conclure ce chapitre. Si vous vous amusez à vous remémorer toutes les histoires que vous avez vues au cinéma, au théâtre ou lu dans un livre, vous serez surpris de toujours trouver ces mêmes ressorts dramatiques, plus ou moins exploités, plus ou moins combinés. S'ils traversent les âges, les techniques, les révolutions sans prendre une ride et conservent toujours la même vigueur et le même impact sur le public, c'est sans doute par ce qu'ils sont comme les hommes et les femmes : ils ne changeront jamais.

83 Elijah Wood dans *La Communauté de l'anneau* de Peter Jackson (2001), scénario de Peter Jackson, Fran Walsh et Philippa Boyens d'après le roman *La Fraternité de l'anneau* de J.R.R. Tolkien.

Dans notre récit nous utilisons une double ironie dramatique : Alex ne sait pas que Christine enquête et elle ne sait pas qu'il compte tuer Fabien. Nous savons aussi avant tout le monde que Fabien sait qui est

Alex et pourquoi il est là. Puis nous avons notre chute, notre coup de théâtre final : Christine découvre qu'Alex l'a manipulée pour se venger...

Par des signes avant-coureurs, des implants, nous devrons préparer cette chute avec de l'ironie dramatique diffuse. Pour que tout s'éclaire à la fin : *mais oui, mais c'est bien sûr, tout cela n'était qu'un vaste plan !*

Encore une fois, adopter cette fin impliquerait de revoir la thèse et les propositions thématiques et dramatiques de nos personnages principaux. J'ai suggéré : *la vengeance peut être pire que le crime qui l'a engendrée.* À vous de faire vos choix.

Vous sentez au passage la puissance de la fin. C'est bien elle qui révèle le sens d'une histoire. Et si vous avez bien fait le travail, les répercussions qu'engendre un changement de fin peuvent être réglées facilement sur l'ensemble du scénario.

Nous utilisons deux ressorts dramatiques : la méprise et la dette. La première, volontaire de la part d'Alex pour atteindre son objectif : il se fait passer pour un autre. La deuxième, ce qui motive son objectif : Fabien et Christine doivent payer.

Le changement de fortune d'Alex est la scène de son arrestation, même si cela fait partie de son plan. Le personnage vit beaucoup de conflits et ses intentions sont louables même si elles sont illégales : venger sa femme. On peut s'identifier facilement à lui. Sa tâche est difficile et les obstacles nombreux. Concernant les autres personnages, le chef maton et le jeune détenu violé, évoqués dans le séquencier (cf. chapitre 9) : il faudra les développer et leur jeter un sort.

Mon travail sur l'élaboration de notre histoire s'arrête ici. C'est maintenant à vous de prendre les choses en main : justifier les événements qui conduisent à votre fin dans une suite attendue mais surprenante, faire en sorte qu'ils tombent tous l'un dans l'autre pour que cela ne puisse pas se passer autrement.

À noter. Pensez toujours à resserrer l'histoire autour des personnages pour densifier les liens et les sentiments. Car c'est dans leur relation que se jouent les émotions. Continuez à travailler votre séquencier jusqu'à obtenir un récit qui réponde à toutes les exigences de la dramaturgie et vous permette de justifier vos choix. Ne vous lancez pas trop vite dans l'écriture du scénario. Attardez-vous sur la structure : vous devez trouver celle qui incarne le mieux le sens de votre histoire ; l'idéal étant de l'inventer, et fort heureusement, c'est toujours possible. Quand faut-il s'arrêter ? Lorsque tout coule de source et vous semble vrai et juste.

Qui est le héros, quel est son problème et que compte-t-il faire pour le régler ?

Chapitre 12

Présenter son scénario

Les supports de diffusion se multiplient, le marché grandit chaque jour et le nombre de projets avec lui. Les décideurs doivent pouvoir identifier d'un coup d'œil l'originalité de votre projet et ce, dès la *logline*. Viennent ensuite le *synopsis* et le *séquencier*. Plus ces outils sont maîtrisés et leur rendu original, plus cela signifie que le scénario est… maîtrisé et original.

De la *logline* à la Bible

La *logline*

On pourrait traduire *logline* (de *to log* : se connecter et *line* : ligne) par « ligne de connexion ». C'est ce qui vous connecte à une histoire.

Pour rappel, la *logline* est une phrase de quelques lignes qui résume toute votre histoire en exprimant l'essentiel. Elle doit être accrocheuse, attirer l'attention et donner envie (généralement au producteur) d'en lire plus. Une bonne *logline* pousse le lecteur à imaginer l'histoire et à vouloir découvrir comment vous l'avez traitée.

On l'appelle aussi pitch, à tort puisque le pitch est un argumentaire oral de quelques minutes, réalisé devant un producteur ou un comité.

Comment formuler votre logline *?*

La façon la plus simple de formuler votre *logline* consiste à y indiquer le genre du film, un attribut du personnage principal pour le définir et lui donner un peu de profondeur et ce qu'il doit faire pour atteindre son objectif (relever un défi).

[Titre du film] est un [genre] dans lequel un [protagoniste + son attribut] lutte pour [défi à surmonter].

Pour exemple :

Hamlet est un drame historique dans lequel un jeune prince lutte contre ses propres doutes pour venger son père.

La brièveté est une nécessité absolue pour créer une bonne *logline*. Les verbes, les adjectifs doivent être les mieux choisis, précis et évocateurs, car vous n'avez droit qu'à très peu de mots. On doit voir tout de suite qui est le héros de l'histoire, quel est son problème et ce qu'il compte faire pour le régler. Il est aussi recommandé de glisser un « hameçon » : une accroche émotionnelle pour stimuler l'intérêt.

Votre *logline* n'a pas besoin de dire la fin de l'histoire, puisqu'elle doit inciter le producteur ou le lecteur à vouloir la connaître. Montrez un protagoniste intéressant et inhabituel qui doit relever un défi inhabituel et intéressant. Les meilleures *loglines* se concentrent sur le personnage en mettant l'accent sur le conflit majeur ou le défi qui forme l'arc central de l'intrigue, mais il est bon d'inclure tous les détails qui rendent votre histoire unique : arène, enjeu...

Même si votre histoire est un scénario tranche de vie ou qui présente une structure ne se prêtant pas *a priori* à cette contraction, il doit pouvoir être formulé en *logline*. Vous serez peut-être tenté de construire votre *logline* autour du thème de votre histoire, mais en règle générale, les producteurs sont intéressés plutôt par les questions pratiques : qui ? quoi ? où ? quand ? pourquoi ? Ils sont moins intéressés par la philosophie de votre héros. N'oubliez pas que vous vous adressez à des gens qui veulent savoir s'ils peuvent faire de votre script un film qu'ils vont vendre.

Sachez que plus votre *logline* est professionnelle, plus vous donnez un gage de qualité à votre scénario et l'envie de le lire. Une *logline* bien construite communique l'idée que le script l'est aussi.

Une mauvaise logline *: un scénario bancal*

Si vous ne pouvez pas faire fonctionner la *logline*, c'est probablement parce que l'histoire de votre script ne fonctionne pas. La *logline* nous ramène toujours au sens. Et si vous n'avez pas clairement la thèse et les deux propositions de votre histoire, il vous sera difficile d'en avoir la *logline*.

Conseils pour éviter les erreurs de *logline*

– Ne donnez pas le nom de votre protagoniste.

– Évitez les généralités. Vous devez exprimer ce qui rend votre script unique.

– N'utilisez pas le langage passif et des mots qui expriment vos intentions au lieu de l'action.

– Ne racontez pas ce que le spectateur va ressentir, mais ce qu'il va voir.

– Méfiez-vous des clichés.

– Ne racontez pas l'histoire : vendez-la.

– Ne complexifiez pas les choses ; trouver l'équilibre entre trop et trop peu.

Quelle différence entre logline ou tagline ?

Les deux sont des formulations courtes de votre histoire, mais la deuxième est à vocation commerciale : la *logline* est un outil de travail qui sert au scénariste pendant tout le processus d'écriture, mais aussi après pour le producteur et le distributeur. L'objectif d'une *tagline* est de donner envie de voir le film. C'est l'accroche commerciale, le slogan qui se trouve sur l'affiche ou le magazine TV et toute la communication en général. Elle doit être la plus accrocheuse possible car elle cherche avant tout l'impact ; elle n'a pas pour objet de raconter le film mais l'élément le plus accrocheur.

Dans l'espace, personne ne peut vous entendre crier (Alien).

Un univers sans frontières a besoin de héros sans limites (Valérian).

Conseil. Une fois que l'idée est vendue, taisez-vous ! Laissez les potentiels investisseurs agir et combler les blancs. Plus vous parlez, plus vous plantez des doutes ou des questions dans leurs têtes. Leur « oui » risque alors de se muer en un « je reviens vers vous » et ils ne reviennent jamais.

Concernant notre histoire, la *logline* pourrait être :

Vengeance *est un drame dans lequel un ancien illustrateur très calculateur prend tous les risques pour venger la mort de sa femme.*

La *tagline* pourrait être tout simplement la thèse (souvenez-vous que nous l'avons modifiée au chapitre 4 !), car elle a toutes les qualités d'un slogan :

La vengeance est parfois pire que ce qui l'a engendré.

Synopsis court et long

On vous demandera certainement un synopsis court (une demi-page) et un long (deux à trois pages) de votre scénario. Si vous avez suivi notre méthode de travail, depuis la thèse et les propositions dramatique et thématique, le synopsis devient un jeu d'enfant car vous avez tous les éléments en main pour l'écrire rapidement. Attention, le synopsis ne respecte pas forcément la narration de votre script et sa structure. C'est un résumé de l'histoire.

Il y a aussi deux sortes de synopsis. Celui qui dévoile la fin et celui qui ne la dévoile pas. Le premier est un outil de travail, le second joue le même rôle que la *logline*, il doit donner envie de lire le scénario.

Le traitement

Le *traitement* est un document que l'on demande peu en France. Il se présente comme un texte rédigé de façon littéraire qui reprend le séquencier mais avec plus d'intention de dialogues et de détails sur les personnages et leur relation, l'arène, les choix artistiques... Il est donc plus long – parfois jusqu'à quarante pages.

La Bible

Je finirai avec la *Bible* qui est surtout utilisée pour la série TV. Certains en font parfois pour un long-métrage. Elle présente le concept, les personnages, le premier épisode (généralement en séquencier) qui pose la licence de la série (le concept qui va être décliné dans tous les épisodes : un enquêteur en perpétuelles vacances, *Magnum* (1980) ; un ancien professeur reconverti en dealer, *Breaking Bad* (2013), les synopsis courts des autres épisodes et une note d'intention de l'auteur.

Remarque. Il est rare qu'une production, surtout si c'est vous qui proposez le projet, lise le scénario sans avoir d'abord été intéressée par la *logline* puis le synopsis. D'où leur grande utilité et le soin qu'il faut y apporter. Sauf, bien sûr, si vous avez un rapport direct avec la personne que vous sollicitez. Quoique...

La continuité dialoguée

C'est le document final, le scénario achevé. Tout y est indiqué : action, description des personnages et des lieux, et dialogues au style direct.

En France, il n'y a pas de règles strictes...

En France, une continuité dialoguée (le scénario avec ses dialogues) n'a pas de règles strictes. On est plus sur des conventions. En revanche, aux États-Unis, elles s'imposent de façon draconienne : pas de visuel sur la couverture, police courrier (héritage des premiers scripts rédigés sur les machines à écrire), corps 12 et tabulation spécifique pour les dialogues, les actions, les titres de scènes... Si votre scénario ne respecte pas ces règles, il n'est même pas ouvert.

À noter. Veillez à soigner l'écriture de votre continuité dialoguée et traquez-y les fautes d'orthographe. Un texte bien écrit est toujours plus convaincant. Employez des mots simples qui vont à l'essentiel (pas de littérature) et surtout restez visuel : on doit voir et entendre le film à la lecture du document.

Aujourd'hui, il existe beaucoup de plateformes gratuites qui vous offrent automatiquement la mise en page aux normes américaines et maintenant européennes : Celtx, Writerduet... Elles sont très facile d'emploi, confortables et interactives. Il existe aussi des logiciels comme Final Draft (surtout utilisé à Hollywood), Cinergy Script Editor, Movie Magic Screenwriter...

... mais voici quelques conseils élémentaires

Il est fortement conseillé d'écrire sa continuité dialoguée en respectant les règles de mise en page. Si vous ne le faites pas, vous prenez le risque de passer aux yeux des producteurs pour un amateur qui ne connaît même pas le formatage, c'est-à-dire la chose la plus élémentaire en matière de scénario, et votre œuvre a toutes les chances de finir à la poubelle. L'un d'eux me disait : « Je reçois parfois des scripts, si on peut encore les appeler comme ça, avec des polices extravagantes, de la couleur, des photos et parfois même des dessins ! Tous ces gens feraient mieux de dépenser leur énergie à écrire des histoires originales. » En effet, il ne faut pas oublier que le scénario est le document qui va servir tout au long du processus de production et de fabrication du film. Le producteur l'utilisera pour établir son budget, la scripte pour le minuter, le truqueur pour évaluer les effets spéciaux, le réalisateur pour le découper... Il doit donc être compréhensible pour tous les intervenants.

Je ne vous livrerai ici que quelques règles de base car des manuels entiers se consacrent au sujet ; je vous invite donc à les consulter. Personnellement, je vous recommande *Savoir rédiger et présenter son scénario* de Philippe Perret et Robin Barrataud, publié chez Scope éditions.

- L'usage veut qu'une page de scénario soit égale à une minute à l'écran (donc 90 pages = 90 minutes). Pour ma part, je dirais que tout dépend du réalisateur (dans mes films, dont je suis également l'auteur, une page correspond généralement à deux minutes). Cela dépend aussi de ce qui est décrit : une scène de course-poursuite ou une scène d'amour ne prendront que quelques lignes sur le papier mais pourront durer dix minutes à l'écran.
- Évitez les polices difficilement lisibles, privilégiez l'Arial, le Times ou la plus commune : le Courrier (corps 12).
- Écrivez le titre du film sur la page de garde en majuscules ainsi qu'en haut de la page suivante. En France, il est permis d'y coller un visuel.
- Tout ce qui concerne l'action, les descriptions (appelées « didascalies ») doit être clair et concis. Lorsque vous décrivez les sentiments ou les sensations d'un personnage, il faut toujours le faire du point de vue extérieur. Par exemple : « le héros a le menton sur le poing, les yeux dans le vague » nous informe qu'il réfléchit. Il ne faut jamais écrire : « il pense, il est mal à l'aise, il doute, il aime, il souffre... », c'est réservé à la littérature. Vous devez décrire les actions, les images qui expriment ce qui traverse intérieurement votre personnage car c'est ce que nous verrons à l'écran.
- Tous les sons importants (ceux qui participent à la dramatisation), qu'ils soient musique, bruitages ou effets sonores, sont écrits en majuscules,

même lorsqu'ils se trouvent dans le corps du texte. Cela donne des indications au lecteur, puis plus tard au bruiteur, à l'acteur et au réalisateur.

- Respectez la tabulation des dialogues (on peut tout centrer en France) avec à chaque fois le nom du personnage en majuscules.
- Si vous voulez donnez une information sur l'action ou le personnage pendant qu'il parle (ton employé, attitude…) placez-la sous le nom du personnage, entre parenthèses et en italique.
- La première fois qu'un personnage apparaît, son nom doit être en capitales, puis ensuite en minuscules. Nommez-le toujours de la même façon pour éviter les confusions.
- Ne mettez jamais d'indication technique (gros plan, travelling, plan large…), c'est le travail du réalisateur.
- Pour le titrage des scènes, utilisez les capitales. Le titre de chaque scène doit indiquer son numéro, le lieu, le décor (intérieur ou extérieur), l'éclairage (jour ou nuit, mais aussi aube ou crépuscule). En France, l'ordre et la ponctuation son assez souples car on trouve indifféremment : 1. MAISON PIERRE/CHAMBRE – INT/JOUR ou 1. INT – MAISON PIERRE/CHAMBRE – JOUR.

Exemple de continuité dialoguée

Pour illustrer ces quelques conseils, voici un exemple de scénario dans les pages qui suivent.

LE RONIN INVINCIBLE

1. **INT. CHATEAU DU SEIGNEUR YODI/SALON - NUIT** 1

Deux **HOMMES**, assis l'un en face de l'autre, sont en train de boire de l'alcool de riz.
On sent dans leur comportement, leur façon de parler et la lenteur de leurs mouvements qu'ils commencent à être sérieusement ivres.
Le premier, petit et rond, la cinquantaine, est le **SEIGNEUR MAMOTO**.
Le deuxième, sec, le même âge et une petite barbichette, est le **SEIGNEUR YODI**.
Au regard de la qualité de leurs habits et du décorum, on devine leur richesse. Le seigneur Yodi attrape la petite cruche remplie d'alcool de riz et sert le seigneur Mamoto.

SEIGNEUR YODI
C'est comme je vous le dis, Seigneur Mamoto, jamais encore, il n'a été battu et ce n'est pas votre Maître d'armes qui le pourra.

SEIGNEUR MAMOTO
Seigneur Yodi… Il n'y a aucun homme invincible, vous le savez bien. On trouve toujours son Maître. On fait tout simplement une erreur… fatale. Tenez, vous, lors de notre dernier pari, vous avez perdu la moitié de votre fortune. Et vous étiez tout aussi sûr de vous que vous l'êtes aujourd'hui.

SEIGNEUR YODI
Cet homme est infaillible.

SEIGNEUR MAMOTO
Vous seriez prêt à parier ?

SEIGNEUR YODI
Sur ce que j'ai de plus précieux.

SEIGNEUR MAMOTO
Et c'est quoi ?

SEIGNEUR YODI
Mon cheval.

Le Seigneur Mamoto part dans un grand éclat de rire.

SEIGNEUR YODI
Pourquoi riez-vous ?

SEIGNEUR MAMOTO
Votre cheval est ce que vous avez de plus précieux !

SEIGNEUR YODI
Les choses n'ont de valeur que celle qu'on leur attribue. Vous par exemple, c'est quoi ?

SEIGNEUR MAMOTO
Ma fille !

SEIGNEUR YODI
Vous voyez ! Pour beaucoup d'entre nous, une fille vaut moins qu'un cheval.

Le Seigneur Mamoto ne répond pas et vide son verre.

SEIGNEUR YODI
Je vous donne une semaine pour battre mon samouraï. Vous noterez comme je suis sûr de moi. Si vous gagnez, je vous donne mon cheval. Si vous perdez, vous me donnez votre fille en mariage.

LE SEIGNEUR MAMOTO
(*grimaçant*)
Ma fille contre votre cheval !

LE SEIGNEUR YODI
Oublions l'affection un instant. Ce cheval vaut une fortune. Un pur-sang, arrivé directement de l'Orient. Combien vaut votre fille ?

Le Seigneur Mamoto boit en regardant le Seigneur Yodi dans les yeux et tend son verre vide.

SEIGNEUR MAMOTO
(la bouche pâteuse)
Je serai là demain à l'heure qui vous conviendra.

Le Seigneur Yodi remplit le verre, puis le sien, et les deux hommes trinquent pour sceller leur pari.
Puis, le Seigneur Yodi tape dans ses mains. Une **SERVANTE** apparaît et se courbe.

1. **(suite)** 1

SEIGNEUR YODI
Fais venir mon scribe.

LA SERVANTE
Maître, à cette heure, il dort.

SEIGNEUR YODI
Eh bien réveille-le !

La servante s'incline et sort de la pièce.

2. **EXT. ROUTE DE CAMPAGNE - NUIT** 2

Deux **SERVITEURS** portent un palanquin et traversent le paysage. Sous la lumière de la lune, ils ressemblent à des ombres chinoises.

3. **INT. PALANQUIN - NUIT** 3

À l'intérieur, le Seigneur Mamoto ronfle, ivre mort.

4. **INT. CHATEAU DU SEIGNEUR MAMOTO/CHAMBRE MAMOTO - JOUR** 4

Le Seigneur Mamoto se réveille en sursaut. Il est encore habillé et dans une drôle de position. Il se lève en se tenant le crâne, trébuche, et roule sur le sol...

Devant son nez, une feuille de papier, mal pliée... Il la regarde avec frayeur, les événements d'hier semblent lui revenir en mémoire... Il prend la feuille, la déplie... En la lisant son visage se décompose.

5. **INT. CHATEAU DU SEIGNEUR MAMOTO/CHAMBRE YOKO - JOUR** 5

YOKO, une jeune fille de vingt ans est dans les bras d'un jeune homme **TAKESHI**, le même âge.
À leur tenue débraillée, on peut présumer qu'ils ont fait l'amour.

TAKESHI
Ton père n'acceptera jamais.

YOKO
Un jour, tu gagneras son respect.

TAKESHI
Ah bon, comment ? Je ne suis même pas samouraï!

5. **(suite)** 5

Takeshi va continuer quand Yoko lui pose la main sur la bouche.
Elle a entendu quelque chose.
Elle fait «chut» avec son doigt, se lève et regarde discrètement par la fenêtre.

6. **POINT DE VUE DE YOKO** 6

Le Seigneur Mamoto traverse le jardin et marche vers la maison.

YOKO(OFF)
Mon père !...

RETOUR À :

7. **INT. CHAMBRE YOKO - JOUR** 7

Elle s'écarte précipitamment de la fenêtre, le dos contre la cloison.
Dans le regard de Takeshi, c'est la panique. Il se lève en arrangeant rapidement sa tenue. Il cherche partout, mais il n'y a aucun moyen de fuir. Il regarde Yoko, l'air désespéré.

TAKESHI
S'il me trouve là, je suis mort.

Yoko a soudain les yeux effrayés.

YOKO
Pourquoi maintenant ? Il ne vient jamais ici !

Dehors, les PAS sur le gravier sont de plus en plus présents.
On s'attend à tout moment à ce que le père entre dans la chambre de sa fille. Mais les pas s'arrêtent...
Yoko et Takeshi se regardent dans une attente insoutenable.

FONDU AU NOIR

Conclusion

Nous avons parcouru ensemble toutes les étapes pour écrire un scénario ; vous connaissez la méthode et les règles de base. Ce n'est plus qu'une question de talent (car il en faut) et de travail, surtout de travail, beaucoup de travail. Ne trichez pas, ne brûlez pas les étapes, car elles vous rattraperont forcément ; vous ferez des erreurs que vous traînerez jusqu'à la continuité dialoguée et qui seront alors plus difficiles à déceler et à corriger.

La magie du scénario

Un scénario pourrait finalement s'apparenter à un spectacle de magie. Comme la prestidigitation, le cinéma est un art de l'effet, de l'illusion, du trucage, de la mise en scène. N'oublions pas que c'est la lanterne magique qui a inspiré les frères Lumière sur la façon de reproduire le mouvement (Auguste Lumière était lui-même prestidigitateur), avec bien sûr la possibilité de le faire : la photographie. Méliès était aussi un magicien et avait racheté le théâtre Robert-Houdin où il montait des spectacles de grandes illusions. Il fonda même, en 1891, l'Académie de Prestidigitation. Les illusionnistes écrivent leur spectacle de magie comme des scénaristes, en privilégiant toujours l'aspect visuel. Le boniment (les dialogues) vient soutenir les « images de la scène » et tromper la vigilance du spectateur avec de fausses informations. Le prestidigitateur utilise les mêmes outils pour dramatiser son spectacle. On est dans le même *suspense* et on va de surprise en surprise, chaque tour se posant comme un obstacle qu'il faut surmonter (réussir le tour). Le tout est ordonné dans une progression dramatique pour arriver à l'explosion finale, le clou du spectacle. Comme pour un scénariste, le spectateur ne doit surtout pas découvrir la mécanique intérieure, le secret du tour, sinon l'effet est fichu. Lorsqu'un tour est raté (sciemment ou pas par le manipulateur), il grossit l'enjeu, la difficulté, et en plus fait rire le public. Le prestidigitateur se frotte aux antagonistes, les spectateurs, qu'il fait parfois venir sur scène pour une confrontation directe. Il fait aussi appel à des adjuvants : l'assistante aux longues jambes qui capte toute l'attention (surtout celle des hommes). Il utilise la lumière, les costumes, les décors, la musique, les bruitages et met en scène des personnages qui racontent leur histoire.

On pourrait continuer longtemps cette analogie, mais vous avez bien compris qu'il y avait entre ces deux arts beaucoup de similitudes. Et cela peut-être pour une simple raison : ce sont des arts visuels. Il est vrai que les films qui nous ont le plus marqués, et on a tous les siens, sont ceux qui nous ont fait le plus d'effet – ceux où l'illusion était presque réelle.

84 Géza Röhrig dans *Le Fils de Saul* de László Nemes (2015), scénario de László Nemes et Clara Royer. Un film remarquable où toute trace de scénario disparaît. On ne quitte pas une seconde le point de vue du protagoniste. Il n'y a aucune ironie dramatique, on n'en sait jamais plus que lui, sauf à la toute fin. On le suit dans sa quête d'un rabbin pour enterrer dignement son fils à travers toute l'horreur d'un camp de concentration. Comme dans un documentaire, on est totalement immergé dans cette terrible réalité. Et puis il y a le choix du format carré (1,37) qui augmente notre suffocation et la notion d'enfermement; le traitement de l'image, un noir et blanc quadri qui tranche avec la couleur rose des cadavres de juifs; une bande-son assourdissante saturée de cris et de bruit; et enfin des cadres toujours très serrés sur les personnages, aucun plan large qui permettrait de respirer... Tout, dans ce film, du scénario à la fabrication, travaille au sens du récit.

Derniers conseils avant de vous lancer

Il est important d'avoir autour de vous des lecteurs, qui auront le grand privilège de lire votre version 1 du scénario. Ce n'est pas des compliments qu'il faut en attendre, ils ne font pas avancer, mais des critiques, des réactions, des questions. N'oubliez jamais qu'un film s'adresse au public. Si votre lecteur ne comprend pas vos intentions, cela veut dire que vous ne les avez pas correctement communiquées : trop de choses encore confuses, de points non traités, de questions en suspens, de manque de clarté. C'est une étape importante ; ne la prenez pas de haut, le regard des autres est impératif : il faut savoir en tirer parti.

Il y a deux choses à retenir de ce manuel ; la première, c'est ce mécanisme de va-et-vient permanent entre l'interne et l'externe. Il crée la dynamique de l'histoire, l'énergie des personnages, la psychologie de l'action. Comme en une réaction en chaîne les émotions et les actions se percutent pour créer les conflits, les obstacles et la belle explosion finale.

La seconde chose à retenir c'est qu'un scénario, malgré toutes les règles de la dramaturgie, ses mécanismes, ses ressorts, ses procédés... restera toujours quelque chose d'organique comme un être vivant. La dramaturgie n'est qu'une méthode qui permet de se poser une série de questions auxquelles il faut répondre pour raconter le mieux possible. Elle est le fruit de l'empirisme des écrivains, des dramaturges et des cinéastes qui élaborent des techniques de récit de plus en plus efficaces. Pourtant, entre deux histoires, l'une parfaitement narrée et l'autre avec des faiblesses dramaturgiques, le spectateur préférera souvent débourser plus de dix euros pour aller voir celle qui est dramatiquement plus faible. Voilà ce que nous appelons *l'aspect organique* du scénario : quelque chose d'unique qui nous touche et nous fait vibrer, sans autre explication, et dont les qualités sont souvent les défauts.

Je terminerai avec la règle la plus importante à mes yeux : lorsque le sens s'impose, il ne faut pas s'y opposer. Les règles doivent rester des outils mais ne surtout pas jouer le rôle de « moule », sinon nous tombons dans le formatage et la création s'en trouve limitée, redondante et pas très passionnante.

En refermant ce livre, terminez notre histoire ou inventez-en une autre. Repartez d'un sujet qui vous tient à cœur, d'une thèse, puis de la proposition dramatique et thématique de votre personnage principal : les embryons d'histoire viendront très rapidement ; la suite, vous la connaissez. Surtout, évitez les effets de mode ; cela vous évitera d'être trop vite démodés.

Je vous quitterai sur un petit conte zen.

Comme chaque matin, un vieux maître fait son prêche à sa trentaine de disciples. Mais ce jour-là, une fenêtre est entrouverte. Le maître va parler quand un petit oiseau, qui s'est glissé par l'ouverture, se met à chanter. Tout le monde l'écoute en silence. Quand il s'arrête et reprend son envol, le vieux maître se tourne vers ses élèves et leur dit : « La leçon d'aujourd'hui est terminée. »

Bibliographie

BINH Nguyen Trong, SOJCHER Frédéric, *Écrire un film, scénaristes et cinéastes au travail*, Impressions Nouvelles, 2018.

CHEVRIER Henri-Paul, *Le langage du cinéma narratif*, 400 Coups jeunesse, 2005.

DAVIS Donald, *Telling your own stories*, Auguste House, 2005.

DURAND Philippe, *Mise en scène et imagination*, Techniques Européennes, 1975.

EGRI Lajos, *The Art of Dramatic Writing*, Wildside Press, 1946.

EISENSTEIN Sergueï, NIJNY Vladimir, *Leçon de mise en scène*, La Fémis, 1999.

HOWARD David, MABLEY Edward, *The Tools of Screenwriting*, St. Martin's Griffin, New York, 1993.

LAVANDIER Yves, *La dramaturgie*, Impressions Nouvelles, 2019.

LEUTRAT Jean-Louis, *Les cartes de l'ouest*, Armand Colin, 1999.

LUMET Sidney, *Faire un film*, Caprici, 2016.

MCKEE Robert, *Écrire des dialogues*, Armand Colin, 2017.

MCKEE Robert, *Écrire un scénario*, Armand Colin, 2017.

MAMET David, *On directing film*, Penguin Books, 1991.

PROPP Wladimir, *Morphologie du conte*, Points, 1970.

SNYDER Blake, *Les règles élémentaires pour l'écriture d'un scénario*, Dixit, 2005.

SOJCHER Frédéric, JABON Luc, *Scénario et réalisation : modes d'emploi ?*, Éditions du Nouveau Monde, 2015.

VANOYE Francis, *Scénarios modèles, modèles de scénarios*, Armand Colin, 2008.

VOLGER Christophe, *Le guide du scénariste*, Dixit, 2013.

Index

Q

R

S

T

V

Mise en pages : Nord Compo

262537 - (III) - OSB90° - NCOM - YLL

Achevé d'imprimer en juin 2022 par
La Nouvelle Imprimerie Laballery
58500 Clamecy (Nièvre)
N° d'impression : 206309
Dépôt légal : juin 2019

Imprimé en France